125年,很漫长吗?

甲午海战,对现在五六十岁的人而言,大致就是爷爷辈的事儿。

这么一说,也许就不算漫长了。

在这125年的时间里,中国人整体上都过得很不容易。

回溯到125年前那场战争的战前。

当时的"大清王朝",其实自信满满,因为经过长达三十多年的改革,实践了"中体西用"和"洋务运动"等一系列理论和举措,认为自己理所应当跻身近代强国了。

当时日本天皇统领的"帝国",也经过"明治维新"和"工业革命"等一系列"自强"动作,将自己武装了一遍,但面对西边大陆的那个大国,对于赢得战争并无十足自信,反而举国非常紧张。

最后,两个历史上从未全面交锋的近邻,展开了第一场不可避免的真正交锋。

这场现在已知结果的较量,可能令双方都非常意外。

认为自己可能胜的却败了,认为自己可能败的却胜了。

这场战争的结果,对一方的后辈而言,是"国仇家恨"的巨大苦涩;对另一方的后辈而言,则是"坂上之云"的无上荣光。

原本自称"天朝上国"的大国,一下子掉进了彻骨的冰窟窿;原本我们口中的"蕞尔小国",却一下子跻身近代强国之林。

正是从125年前的那场战争开始,中国人和日本人的整体感受,几乎调了个过儿。

此后,一辈一辈的中国人,也好像一直在反思,反思为什么我们过得这么不容易,反思为什么我们败了,且败得那么耻辱。

今天,我们接过反思的棒,做了这本《知日·甲午海战,再认识》特集。

说到手上的这本特集,鉴于篇幅有限,我们把125年前的"甲午战争"聚焦到"甲午海战",甚至再聚焦至上的两场关键战役:丰岛海战和黄海海战。这样做是试图去还原当时战场上发生了什么。期望更加技术地去呈现一些历史资料和细节,以期能够从中获取令我们反思和进步的东西。

这个过程中,有很多收获,也有很多遗憾,比如在搜集资料的过程中,我们发现我们自己有关那段战争资料的保存,与日本方面对同期资料的保存比较起来,显得太缺乏和不系统了。当然,或许是记忆过于惨痛,让我们自己都不愿意面对,所以我们都想删除那些惨痛的记忆吧。

但即使再惨痛的历史,我们也终需跨越过去,自己超越自己。

否则,我们都知道意味着什么。

很多人说"知日","知"这么久,应该多说说他们的不好,不要老是说他们的好。

我们也很认真地想了一下这件事,最后还是想说,与其关起门来说别人的坏话和不好,我们不如把时间用在学习别人的好。

白驹过隙,125年就过去了,我们又是一辈新的人,他们也是一辈新的人。

一辈一辈地过去,我们也许都在进步,也许都各有所获。

但无论如何,愿125年前的历史不要重演,从我们每个人自己的改变做起吧。

《知日》编辑部

卷首语
特集·甲午海战,再认识

图书在版编目（CIP）数据

知日·甲午海战，再认识/茶乌龙主编．－－武汉：长江文艺出版社，2019.11（2020.4 重印）

ISBN 978-7-5702-1256-9

I.①知⋯ II.①茶⋯ III.①中日甲午战争 - 研究 IV.① K256.307

中国版本图书馆 CIP 数据核字 (2019) 第 214146 号

知日·甲午海战，再认识

茶乌龙　主编

选题产品策划生产机构 | 北京长江新世纪文化传媒有限公司
总　策　划 | 金丽红　黎　波
策划编辑 | 张　艺
责任编辑 | 陈　曦　张　霓　　　装帧设计 | typo_d　　　　　责任印制 | 张志杰　王会利
助理编辑 | 吴传柱　　　　　　　媒体运营 | 刘　冲　　　　　版权代理 | 何　红
法律顾问 | 梁　飞
总　发　行 | 北京长江新世纪文化传媒有限公司
电　　话 | 010-58678881　　　　　　　　传　　真 | 010-58677346
地　　址 | 北京市朝阳区曙光西里甲 6 号时间国际大厦 A 座 1905 室　　邮　编 | 100028
出　　版 | 长江出版传媒　长江文艺出版社
地　　址 | 湖北省武汉市雄楚大街 268 号湖北出版文化城 B 座 9-11 楼　　邮　编 | 430070
印　　刷 | 天津盛辉印刷有限公司
开　　本 | 787 毫米 × 1092 毫米　1/16　　　　　印　　张 | 10.5
版　　次 | 2019 年 11 月第 1 版　　　　　　　　印　　次 | 2020 年 4 月第 2 次印刷
字　　数 | 328 千字
定　　价 | 69.80 元

盗版必究（举报电话：010-58678881）

（图书如出现印装质量问题，请与选题产品策划生产机构联系调换）

ZHI JAPAN. 23

特集○甲午海战，再认识

备忘录：甲午纪年 4
人物：海战军魂

甲午战争之 11 人谈 12

脱亚？兴亚？ 22
甲午战前的"亚细亚主义"

甲午战前：缠斗政经 26

清国、日本、朝鲜 通往甲午战争之路 34

一触即发：丰岛海战五小时 40

国运之战：直击!!! 黄海海战 45

因何战败？海战战术解疑 50

龙旗 vs 旭日 军舰的海上棋局 54

枪林弹雨的来处 66

甲午海魂 72
北洋水师与明治舰队的备战角逐
interview 户高一成

模型看舰——缩小的"三景舰" 78

清日两异 战争观的透视 82

于锦绘中复苏的甲午战争场景 90

两军鏖兮生死决 甲午军人志 106

东乡平八郎 从萨摩藩士到海军元帅 110

李鸿章 悲情甲午 116

重访，1894 的硝烟 122

战场背后的世界 132

regulars

photographer
题府基之
爱的诗句
interview 题府基之
139

book
书，永远不会老去
152

magazine
与写真一同生活
杂志《IMA》之《意象中的动物们》
154

器
礼
159

manga
漫画家的热血日常
160

俳句
咏樱
162

料理
卷心菜肉卷
164

columns
吴东龙の设计疆界
京夏消暑二帖
165

告诉我吧！日语老师
美与流行
171

出版人：苏静
主编：茶乌龙
艺术指导：马仕睿
总编助理：张艺
编辑：刘子丹、陈晗、曹人怡、陈瑶
策划编辑：张艺
责任编辑：陈曦、张霓
营销编辑：刘冲
助理编辑：吴传柱
平面设计：typo_d

Publisher: Johnny Su
Chief Editor: Lonny Wood
Art Director: Ma Shirui
Assistant of chief editor: Zhang Yi
Editor: Liu Zidan, Chen Han, Cao Renyi, Chen Yao
Acquisitions Editor: Zhang Yi
Responsible Editor: Chen Xii, Zhang Ni
PR Manager: Liu Chong
Assistant editor: Wu Chuanzhu
Graphic Design: typo_d

富国强兵・ニコライ 2 世 75／薩長・臥薪嘗胆 135

特集·甲午海战，再认识

备忘录::甲午纪年
覚え書き 甲午紀年

人物::海战军魂
人物 海戦場の軍魂

周晓宇 / edit

01 | 02

战争收尾 讲和

10.25	清承认朝鲜独立；日军控制九连城，首次占领清领土。
10.29	清军弃守凤凰城要塞。
11.06	日第二军第一师团攻克金州。
11.14	日第二军进军旅顺。
11.18	清日双方在旅顺近郊发生遭遇战。
11.21	日军发动对旅顺的总攻，清军士气低迷。
11.22	日军占领旅顺要塞，开始扫荡屠杀；清政府提出议和交涉。
12.01	日本进攻海城。
12.08	日第一军司令长官山县有朋受命归国。
12.13	日军第三师团占领海城，清日攻防战持续至次年2月。
12.14	日军大本营决定实施山东作战计划。

1895

01.20	日军在山东成山角灯台及荣成湾龙须岛登陆。
01.26	日军第二、六师团向威海卫进军。
01.30	日军开始进攻威海卫，史称"威海卫之战"。
01.31	清使节张荫桓、邵友濂到访日军广岛大本营，与首相伊藤博文、外务大臣陆奥宗光会谈。
02.01	日方以"清国全权委任状不完善"为由中断讲和交涉。
02.02	威海卫北岸炮台失守，北洋水师遭围困。
02.05	"定远"中雷搁浅，提督旗移至"靖远"。
02.06	"来远"和"威远"被击沉，"镇远"无法出海，北洋水师名存实亡。
02.07	日海军发动对北洋水师的总攻。
02.09	日南岸炮击搁浅"靖远"；丁汝昌下令击沉该舰。
02.11	丁汝昌拒降，自饮鸦片殉国。
02.12	清军递交请降书；清使节团离开长崎回国。
02.14	清日签订《威海降约》，北洋水师10舰编入日本海军。
03.02	清日7次海城攻防战后，日军进攻牛庄。
03.06	日军第一师团攻占营口；比志岛支队向澎湖岛进军。
03.09	"田庄台战役"爆发，日军投入三个师团，清军损失严重。
03.14	李鸿章携全权委任状从天津出发赴日。
03.16	日军参谋总长小松宫彰仁被任命为征清大总督。
03.19	李鸿章携全权委任状进入马关。
03.20	清日在春帆楼展开会谈。
03.23	比志岛支队开始登陆澎湖列岛；清日进行停战谈判。
03.24	李鸿章在日遭刺客小山丰太郎枪袭受伤。
03.26	日军占领澎湖列岛炮台，作战结束。
03.28	受李遇袭影响，日方同意无条件休战。
03.30	清日签订停战协议。
04.01	清日进入议和谈判，协调具体内容。
04.17	清日签订《马关条约》，条约规定解除清和朝鲜间宗藩关系，清割让领土并支付日本赔款。
04.23	俄、法、德三国干涉，多次催促日方归还中方辽东半岛。
05.02	光绪帝批准《马关条约》。
05.04	日本内阁商议决定放弃辽东半岛。
05.05	日本政府将放弃辽东半岛之决定通知诸国。
05.08	清日在芝罘交换两国皇帝批准书，《马关条约》正式生效。
11.08	清日两国在《辽南条约》上签字，半岛回归。

参考资料

光绪帝

清第十一位皇帝

甲午海战爆发时 **23** 岁

决意对日展开战争，因朝野内斗，国力不昌，战情混杂而最终战败，并成为其后力主维新契机之一。战中曾误信叶志超伪造之牙山大捷，失平壤。

杨用霖

「镇远」舰帮带

甲午海战爆发时 **40** 岁 黄 威

黄海一战中协助林泰曾指挥「镇远」舰作战，护「定远」舰灭火有功。「镇远」触礁，管带林泰曾自尽后，杨接任其位。在北洋水师陷落时，拒绝投降，最终饮弹自尽。

猛攻之下升旗示降，并返航旅顺。黄海一战中临阵脱逃，被以怯战之罪处斩于旅顺。

李鸿章

直隶总督、北洋通商大臣

甲午海战爆发时 **71** 岁

手握兵权，战中曾重用陆军统帅叶志超及水师提督丁汝昌。战败后受命赴日讲和，斡旋签订《马关条约》，其后立誓「终身不履日土」。战后出访多国，并改督两广。

林永升

「经远」舰管带

甲午海战爆发时 **41** 岁 黄

黄海海战中指挥「经远」舰作战，遇敌袭击失去掩护，舰身中弹甚多，最终在战火中船身碎裂，林永升亦中弹身亡，死后由清政府追赠为太子少保。

丁汝昌

北洋水师提督

甲午海战爆发时 **58** 岁 丰 黄 威

甲午战争爆发时，奉命率北洋水师主力护送增援朝鲜驻军。黄海一战经验不足，致「定远」旗舰指挥，因黄海战经验不足，致「定远」被伤后各舰群龙无首，最终惜败日本。其后受命镇守威海卫，而水师舰队遭围，毁「定远」舰以避免落入敌手。拒降日本，服毒殉国，遗体由商船送返国内。

邱宝仁

「来远」舰管带

甲午海战爆发时 岁 黄 威

黄海海战中指挥「来远」舰重创日舰「赤城」，受敌方合击引发大火，施救后再度返回作战海域，最终安全返回基地。威海卫一战中「来远」遭日方鱼雷艇偷袭沉没，邱遭革职，未再复出。

刘步蟾

「定远」舰管带、右翼总兵

甲午海战爆发时 **42** 岁 黄 威

黄海海战中坐镇「定远」舰迎战日军，代主帅丁汝昌因日方火力攻击受伤，刘代为督战指挥。战中多次击中敌舰，重创「松岛号」，后被晋升为记名提督。威海卫一战中「定远」舰遭袭重伤，下令「沉船」后随舰于刘公岛自裁身亡，以身殉国。

邓世昌

「致远」舰管带

甲午海战爆发时 **45** 岁 黄

黄海海战中指挥「致远」舰作战，受到日方重创，弹药用尽，试图撞击日方主力「吉野」舰，但因引起鱼雷爆炸，「致远」舰沉没，邓世昌拒绝救援后牺牲。光绪帝追赠其太子少保衔，入祀京师昭忠祠。

林泰曾

「镇远」舰管带、左翼总兵

甲午海战爆发时 **43** 岁 黄

黄海海战中指挥「镇远」舰对抗日军，遭日方5舰围攻起火，后「镇远」在撤往威海时触礁擦伤，难以继续出战，林自认失职，服毒自杀身亡。

叶祖珪

「靖远」舰管带

甲午海战爆发时 **42** 岁 黄 威

黄海海战中指挥「靖远」舰作战，其间舰身三次起火，叶巧妙指挥成功突出包围圈，于大东沟大鹿岛附近抢修并牵制敌军。战斗中替代「定远」舰升旗集队，令军心重振。威海卫一战中「靖远」中弹，叶被暂时革职，待罪于天津。

「广丙」舰管带
甲午海战爆发时
33岁
程璧光
黄 / 威

「超勇」舰管带
甲午海战爆发时
42岁
黄建勋
黄 / 威

「济远」舰管带
甲午海战爆发时
58岁
方伯谦
丰 / 黄 / 威

丰岛海战中护送英籍运兵船将清军送至朝鲜，返航接应『高升号』途中遇

「广乙」舰管带
甲午海战爆发时
43岁
林国祥
丰

在其指挥下，『广乙』于丰岛海战中迎击日舰遭毁，被迫往南逃离，最终于朝鲜海岸搁浅。为避免舰落敌手，林指挥下属点燃火药舱，自沉『广乙』。战后受令管驾『济远』舰，无突出表现。北洋水师全军覆没后，被短暂革职。

「平远」舰管带
甲午海战爆发时
42岁
李和
黄 / 威

「扬威」舰管带
甲午海战爆发时
42岁
林履中
黄

「比睿」舰舰长
甲午海战爆发时
46岁
樱井规矩之左右
黄 / 威

「浪速」舰舰长
甲午海战爆发时
46岁
东乡平八郎
丰 / 黄 / 威

曾以『天城』舰舰长身份观察中法战争。参与丰岛、黄海、威海卫三战，丰岛一战中下令捕获『高升号』未果，遂击沉该船，酿成『高升号』事件。威海卫战后任常备舰队司令官，参与澎湖岛作战。

「桥立」舰舰长
甲午海战爆发时
46岁
日高壮之丞
黄 / 威

「扶桑」舰舰长
甲午海战爆发时
45岁
新井有贯
丰 / 黄 / 威
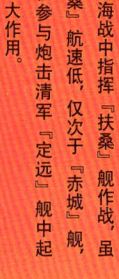

黄海海战中指挥『扶桑』舰作战，虽『扶桑』航速低，仅次于『赤城』舰，但在参与炮击清军『定远』舰中起到很大作用。

「秋津洲」舰舰长
甲午海战爆发时
45岁
上村彦之丞
丰 / 黄 / 威

联合舰队司令长官 伊东佑亨

甲午海战爆发时 **51** 岁　丰・黄・威

战前即出任联合舰队首位司令官。丰岛海战中坐镇『松岛』旗舰，由佐世保港出发突袭清军，挑起战争。黄海战中统率『三景舰』作战，但所在旗舰『松岛号』遭炮击，失去战斗力。威海卫一战中合围北洋水师，发出劝降书，主导借商船『康济号』送丁汝昌遗体返清。

『高千穗』舰舰长 野村贞

甲午海战爆发时 **49** 岁　黄・威

第一游击队成员，参与了黄海一战，被认为具有超人的武功。战后任竹敷要港部第一代司令官，其后晋升少将。

海军参谋 桦山资纪

甲午海战爆发时 **57** 岁　丰・黄・威

战前即出任海军军令部长，战争期间坐镇『西京丸』督战，在黄海海战中负责指挥任务。战后为日本殖民统治时期台湾第一任总督。

『吉野』舰舰长 河原要一

甲午海战爆发时 **44** 岁　丰・黄・威

作为『吉野号』舰长，在坪井航三的指挥下参与了丰岛海战、黄海海战和威海卫之战。

外务大臣 陆奥宗光

甲午海战爆发时 **50** 岁

1894年参与并签订《日英通商航海条约》；甲午战争期间以『陆奥外交』闻名，主战中国，对开战决定有重要作用。1895年作为日方代表参与签署《马关条约》。著有回忆录《蹇蹇录》，记录其战争期间之意见行动。

第一游击队司令官，坐镇『吉野』舰指挥 坪井航三

甲午海战爆发时 **51** 岁　丰・黄・威

丰岛海战中先于联合舰队主力舰艇，带『吉野』『浪速』『秋津洲』侦察牙山，并对清军发动袭击。黄海战中升至海军中将，指挥第一游击队四舰以单纵阵参与战斗，在日方胜利中起重要作用。

内阁总理大臣 伊藤博文

甲午海战爆发时 **58** 岁　黄・威

战前展开维新大业，确立政治权力。甲午战争期间赴大本营，亲任日军最高指挥官。战后签订《马关条约》。清戊戌变法时赴北京访问，面见光绪皇帝，康有为，提供改革方针。

『松岛』舰舰长 尾本知道

甲午海战爆发时 岁　黄・威

『松岛』舰舰长 横尾道昱

甲午海战爆发时 岁

明治天皇

甲午海战爆发时 **42** 岁

日本第122代天皇
在位时间：1867—1912年

参与策划日本对朝侵略及对清甲午战争。战后主导战争形势。日本因甲午战争胜利及战后利益分配开始迈入帝国时代。

『千代田』舰舰长 内田正敏

甲午海战爆发时 **43** 岁　黄・威

黄海海战中仅凭速射炮参加战斗，其后受命在金州沿岸测量地形，协助日本第二军登陆花园口。丰岛、黄海、威海卫三战。在丰岛一战中降服、降伏敌舰『操江』舰，成为日本海军降伏敌舰之首例。

撰稿人

feature

陈悦 ....
中国甲午战争博物馆、中国船政文化博物馆客座研究员，中国海军史研究会会长，长期致力于中国海军史、甲午战争史研究，是国内该领域青年一代领军学者。

赵恺 ....
历史科普类写手，现出版有《军国凶兽：日本战史》《猛禽崛起：美国战史》等历史科普读物。

萧西之水 ....
新锐日史作家，曾广泛游学于美、澳、日等环太平洋国家。出版书籍《谁说日本没有战国》《最懂！日本战国》。

regulars

吴东龙 ....
从事设计观察的作家、讲师、设计师，也是课程与书籍的规划者。在多面向的设计工作里，长期关注日本的设计场域，著有《设计东京》系列书籍，作品见于两岸三地。现在是"东喜设计工作室"、创意聚落"地下连云企业社"负责人。

刘联恢 ....
旅居日本多年，现为北京第二外国语大学汉语学院教师，专职教授外国留学生汉语和中国文化，每年为日本京都外国语大学等学校的暑期访华团做中国文化讲座。

李长声 ....
旅日作家、日本出版文化史研究专家。曾任日本文学杂志副主编，著有《哈，日本》《日下书》《枕日闲谈》《纸上声》等。

于彦舒 ....
漫画家。出道至今二十余年，极之平凡、随处可见的胖子。代表作《黑白无双》《扳手少年》《10号露兰》。

受访人

户高一成　海军史研究家 ....
1948年生于宫崎县。毕业于多摩美术大学，曾任财团法人史料调查会理事，现任厚生劳动省所管"昭和馆"图书情报部长、吴市海事历史科学馆（大和博物馆）馆长。著有《从海战看甲午战争》（海戦からみた日清戦争）等。

题府基之　摄影师 ....
1985年出生于东京，2007年，毕业于东京视觉艺术学校（東京ビジュアルアーツ）夜间部，代表作品"Lovesody""Family"系列。

特别鸣谢

●吴市海事历史科学馆　● MISAKO & ROSEN　●后浪出版公司

●宗泽亚　●荒田正一　●题府基之　●子时当归

甲午战争之11人谈

11人が語る日清戦争

刘子丹 陈晗 曹人怡 陈瑶 周晓宇 / edit

03

马勇
中国社会科学院近代史研究所研究员

甲午战争的关键因素

● 甲午战争的结局是中国割地赔款,从『同光中兴』一切归零,重新开始,维新变法,政治改革。如果从这些结果倒推,就知道决定这场战争结局的关键因素在于封建体制,在于中国先前改革得很不够;在于理念,中国人那时大与世隔绝,并没有跨进近代的门槛。比如,中国直至开战依然坚持朝鲜为属。这样的理念固然鼓舞人心,但实话说来已经很不符合时代进步的潮流。朝鲜自1876年被日本打开国门,通商贸易,其对世界已经知道、学习得很少了,中国继续坚守宗藩体制的『天下意识』,实际上是自取其辱。中日开战后,朝鲜国王宣布教请日本『驱华』,这就使中国在朝鲜战场上的行动受到了极大的约束,受到道义上的牵制。

甲午战争的影响

● 甲午战争是近代中国最大的事件之一,对中国的影响是将一个完整的近代一分为三。先前几十年相对从容的『中体西用』和『旧体新用』不复存在,中国人的焦灼意识、亡国意识在此后纠缠身的魔影,挥之不去。维新、新政、宪政、革命、共和,中国用二十年时间,尝试了人类历史上三百年发生的故事,没有时间、精力、耐心将任何尝试等出一个结果。

● 对日本来说,甲午战争也是一个至关重要的事件。一方面刺激了日本对全世界的野心,将山县有朋提出的『主权线』和『利益线』理论发挥到极致,但凡日本利益所到之处,日本都觉得自己应该挺身而出,构建『共荣圈』。这实际上超出了日本能力;另一方面,甲午战争的胜利坚定了日本加入世界强国俱乐部的信心,为世界政治的后续演化注入了新的因素。甲午战后仅五年,中国发生义和团运动,日本携甲午战争的余威冠冕堂皇地成为八国联军重要成员;又三年,日本甚至有力量打败俄国,在不到十年的时间里,日本相继打败亚欧两个超大型的国家。日本由此成为国际政治中不容忽视的一极,直至今日。

对甲午战争的认知

● 中文世界对甲午战争的研究汗牛充栋,处于话语强势、喋喋不休的状态。如果从历史主义视角进行观察,中文世界的甲午战争研究在各个时段的重点也非常不同。先前几十年相对从容的『中体西用』和『旧体新用』不复存在,中国人的焦灼意识、亡国意识在此后纠缠身的魔影,挥之不去。维新、新政、宪政、革命、共和,中国用二十年时间,尝试了人类历史上三百年发生的故事,没有时间、精力、耐心将任何尝试等出一个结果。

在早期,中国人注意探究失败的原因,为未来变革提供依据,甚至如孙中山、革命党,直接以甲午战败作为推翻清廷的理由;至于改良主义者,也不过以甲午战败说事,敦促清政府接受历史教训,进行更加彻底的改革,废弃党禁、报禁,为资本主义自由发展提供理论上的支撑。这些认识都有其合理性、正当性,今天依然应该继续这样研究。

● 近年来也有一些不太合乎历史的看法。比如将这场战争描写为正义与邪恶的冲突。甲午战争并非仅是中日两国对打,更不是『落后挨打』,这场战争也不仅仅在中日两国之间进行,而是一个关涉东北亚,甚至关涉世界的战争。我们在反思甲午战争的时候,一定要有超越性的立场,超越中、日、朝三国,超越东北亚,要从世界和平的视角反思这场战争的是非曲直。

对甲午战争的印象

● 研究甲午战争的时候,这场战争中的人与事,几乎所有场景总是在我的脑海里反复出现。如果一定要说印象深刻的事件与人物,我觉得李鸿章最值得注意。

● 李鸿章是洋务新政的主要推动者,也是北洋水师的创建者。李鸿章在战前力主不战,这可能与其先前三十年不间断与列强周旋有关,大致知道近代世界的真相,知道中国面对朝鲜问题应该怎样办。无奈,在近代民族国家构建『民族主义、爱国主义绑架了国家、绑架了政府，使国家注一掷，三十年发展顷刻化为灰烬，一切归零重新开始。

●战场上的失败，李鸿章的痛心无以言表。但他还要承受体制内政敌的攻击，还要出使日本，签字画押，为这场战争善后。

●通观甲午战争的历史，李鸿章不容易。过分责备李鸿章的个人作为，是将封建体制之失推给了一个不该承担那么多责任的人。陈寅恪在冯友兰《中国哲学史》审查报告中说：『凡著中国古代哲学史者，其对于古人之学说，应具了解之同情，方可下笔。盖古人著书立说，皆有所为而发；故其所处之环境，所受之背景，非完全明了，则其学说不易评论。而古代哲学家去今数千年，其时代之真相，极难推知。吾人今日可依据之材料，仅为当时所遗存最小之一部，欲借此残余断片，以窥测其全部结构，必须备艺术家欣赏古代绘画雕刻之眼光及精神，然后古人立说之用意与对象，始可真了解。所谓了解者，必神游冥想，与立说之古人处于同一境界，而对于其持论所以不得不如是之苦心孤诣，表一种同情，始能批评其学说之是非，而无隔阂肤廓之论。』

●以陈寅恪之回望甲午战争研究，回望近代中国历史研究，我们还有很多事情要做，还必须切实体会近代中国的历史场景，体会李鸿章那代人的苦心孤诣。

冯学荣
学者，居中国香港，著有《日本为什么侵华：从甲午战争到七七事变》

甲午战争的关键因素

●北洋水师在战前，其实已经很松有一段时间了，最明显的例子是日本舰队装备了一种可以快速发射炮弹的『速射炮』，而北洋水师对此一无所知。这种『速射炮』在黄海战中，发挥了巨大的威力，令北洋水师蒙受了巨大损失。此外，日本的军事情报工作也远超过了清军。在战争期间，清政府驻日本公使馆和北京的来电报，事实上已经被日本破译了。也就是说，在战争期间，清政府脑子里在想什么，日本了如指掌。而日本人脑子里想什么，清政府却一无所知。还有，日军在甲午战争中表现出来的兵员素质和战士气，无不分表示出一个军国主义国家在战场上的特有优势。总而言之，清政府在甲午战争中的失败，是清政府军事力量整体全面落后的必然结局。

甲午战争的影响

●甲午战争对清朝的主要影响有几条。首先是丢掉了中国台湾和朝鲜，其次是支付了2亿两白银的赔款，再者是《马关条约》使清政府向日本人敞开了在华设厂经商的大门。

●对于日本而言，这场战争的第一大收益，就是收获了中国台湾这个殖民地，同时也取得了对朝鲜的控制权。此外，获得2亿两白银的赔款，暴富了一回。另外，日本也通过《马关条约》获得了对华资本输出的渠道。

●更高度地总结来说，资源富裕但是军力袁弱的清朝，和资源贫乏但是军力雄厚的日本，通过甲午战争，对两国的国防资源和经济财富，进行了一次重新分配。

对甲午战争的认知

●日本发动甲午战争，其目的有二：『国防』和『经济』。从国防而言，日本有意取得对朝鲜半岛的控制权，使朝鲜成为夹在俄国与日本两国中间的战略缓冲地。从经济而言，日本不但获取了中国台湾，而且也取得了向中国东北进行殖民扩张的跳板。

●这里有一点是值得关注的。有一种流行较广的说法是『甲午战争是清政府与日本为了争夺朝鲜的战争』。我认为这种说法应该慎重。因为『争夺』二字说明双方都在争抢。当时的朝鲜有一股进步的要求独立的呼声和力量。如果说日本争抢朝鲜无理，那么清政府争夺朝鲜的合法处之处又在哪里？

对甲午战争的印象

●甲午战争中让我印象最深刻的就是『高升号』运兵船被日军舰击沉一事，史称『高升号事件』。在这个事件当中，『高升号』运兵船上的清兵，誓死不投降，宁愿用手中的步枪抗击日军的舰炮，也在所不惜。其视死如归的精神，的确是值得后人称颂的。

萨苏
工程师 素有自由撰稿人

甲午战争的关键因素

●如果对比一下北洋水师留学人员和日本留学人员的照片，或许决定这场战局的关键因素会呼之欲出。在英国，刘步蟾比东乡平八郎更像一名军人。和网上所说两人是同学不同，刘步蟾免试格林尼治皇家海军学院，直接上舰学习；东乡平八郎则是走投无路，无奈进入商船学校学习，连伊藤博文都是考不上格林尼治家海军学院临时改归的。从当时对于工业文明的理解和成就上看，刘步蟾远胜伊藤博文和东乡平八郎。但他们各自回国后，东乡平八郎依然身着欧式服饰，而刘步蟾却是长袍加上大辫子，西服明显比长袍更适合现代社会的节奏。我们是在进步还是在退步？

●日本新兴的维新阵营对导致日本落后的旧体制进行了深入的思考和理智的批判，并利用已有的地位和权力，全力推动这种变革。而中国的改革者并不被社会认同，必须脱掉『蛮夷』的西服，穿回长袍马卦，戴上瓜皮帽，才能为世人所接受，才有机会实施所需改革。这种矛盾在变革图强的道路上造成中国逐渐落后，在军备竞赛中则自动退出。背负着历史的包袱，中国改革者困难要大得多。

陈悦
海军史学者、作家

● 社会变革初起的时候,因为门已经被砸开了,此时保守派是很少的,所以大家在推进变革上很少争议。但是,当这种变革取得了一定成就,领导者会失去前进的方向感。是选择把中国人带走后起门来继续当主子奴才的日子,还是学习近代工业文明的成果改造自己的国家?国家发展的方向含糊不清,而慈禧等选择的显然是修订版的第一项。

● 这并不意味着变革的必然失败。因为既然建立了一支近代化的水师,便带出了一连串近代化的企业,进而可以带出一批有新思想的中国人,变革仍然可以量变到质变的方式促进国家的复兴。然而,危机就在此时出现,而没有分享到变革红利的国民,或愚昧、或不满,对『皇帝大后的战争』没有兴趣,甲午战争的失败也就不奇怪了。

甲午战争的影响

● 甲午战争发生于中国变革的瓶颈期,所以损失极为惨重,丢失的不仅是财物,还有宝贵的机会。从此很多中国人对继续进行艰苦的努力失去信心,而忙于寻找各种灵丹妙药,希望能找到一条富国强兵的捷径。最后绕了一个大圈,花了数十年的时间,才认识到要走农村包围城市的道路,发展才是硬道理。这是令历史扼腕痛惜的事。

对甲午战争的认知

● 这是一场失败的战争,但战争的胜负并不代表一切。我们应忘记,一百五十多年前,世界东方一个古老的农耕文明曾经走向觉醒,面对来自海洋的风暴,它小心翼翼地调整自己的方向,试图赶上世界的步伐。一个富国强兵的梦想升腾起,一群人曾为之努力奋斗,甚至献出生命。他们是第一代正视中西差异的人,他们审视的结果并不是崇洋媚外,而是正如中国第一个留法博士马建忠所言:『西方人在道德上既非禽兽,在文化上又不是夷狄,因此就可与中国人平等相处。』

● 1894年的那场战争将梦想生生打断,但是,他们的努力并没有付诸东流,以北洋水师为例,这支舰队虽然消失,但它的影子在中国进步的阶梯上有着深刻的地位。清末,是中国渴望变革又不知道如何前进的时代——百年的差距令人无所从,北洋水师,正是在这一历史和社会冲突的锋面上构成了一座连接近代工业文明的桥梁,于是,在海军的层面之外,它还有另外一个含义——让我们看到中国人在这纠结的时代怎样迈出沉重的脚步,去追赶光明的步伐。以北洋水师为代表的改革,尽管为日本所打断,仍然是中国走向近代化过程的重要环节,它代表着一系列的进步。

● 如果在思考这场战争时,我们能够多一点对先人的尊重,少一点正义制高点的口诛笔伐,或许可以使这种反思对我们有更大益处。

对甲午战争的印象

● 在日本广岛比治山陆军墓地有一座清军战俘之墓。其中一座墓的主人叫作徐万得,属于河盛军,是登州府『永城县』人,但登州没有永城,这是怎么回事?我到威海卫偶然提起此事,迷团立刻得到破解——原来,在胶东方言『荣成』的发音就是『永城』。徐万得生在荣成,在荣成人伍,进河盛军,这是一支到济南府黄河挖工的工兵部队。1895年1月,日军在荣成湾登陆,清朝军人不够,就把挖河的士兵召集起来,到荣成迎击日军。徐万得随部队回到家乡,在这场退回家园的战斗中战败,却没有战死,而是被俘到日本,故事结束因为伤重死在监禁中。一百多年后,中国人知道有这样一位胞兄眠于广岛。我想,他可能不识字,所以墓碑上才留下了『登州府永城县』这样的错误。2006年,我第一次来到徐万得的墓地,发现周围还有三座这样的清军战俘墓,令人惊讶的是一名日本老人和清水经历过原子弹袭击的日本老人说,战争太令人憎恨了,这些百年不得还乡的中国人其遭遇令人悲伤,所以,他一直在关照着他们。

甲午战争的关键因素

● 对一场战争起到关键性影响的因素,通常包括国家战略、动员能力、军事战略、情报掌控、战场指挥、兵器装备、后勤补给、战场通讯、军队规模、军队素质、指挥官能力、外交折冲等多个方面。以这些因素去衡量甲午战争,我们会看到一个非常悲剧性的局面,就是在甲午战争中,中国在上述各个方面几乎都处于劣势。而之所以会这样,归根结底的因素是中日两国是否近代化。

甲午战争的影响

● 甲午战争对近代的中日两国都产生了至为深远的影响。

● 对日本而言,这场战争的胜利,其近在眼前的利益是利用清朝的巨额赔款全力扩军,奠定了和俄国交手的军力基础。远看,甲午战争磨炼了日本国家的各方面实力,使其近代化加速,在短时间内跻身世界列强的行列。甲午战争对日本成为世界大国起到了关键性的作用。现代日本人,仍将明治时代当作最荣耀的时代,即所谓『明治的荣光』。

● 然而,日本的这种明治荣光,根源上是穷兵黩武战略和对外扩张获得的,因此甲午战争在把日本推上世界大国地位的同时,也埋下了危险的种子。如日后踏上军国主义的不归路。

● 对中国而言,也是兼有利弊。

● 这场战争失败所带来的灾难性后果,主要包括清政府国防的崩溃、清政府财政的崩溃、中国国际地位的一落千丈等,还包括影响长久的台湾问题、钓鱼岛问题等。而且甲午战争中,小小的日本居然把中国打到破血流的地步,让世界见到了中国人的真相。日本通过《马关条约》攫取了巨大利益,也深

深吸引
●好处则是中国人开始苏醒了。
●甲午战前，整个中国社会颇顽保守，对近代化事务充满敌意。而战争的失败，揭示了近代化的重要性。传统知识分子，也从之前的保守守旧开始转变。中国社会出现了惊人的东渡留学学习日本的风潮。国家近代化、民族主义等思潮开启，对此后近一个世纪的中国历史都产生了深远影响。

对甲午战争的认知

●谈及甲午战争，现代中国人最容易产生的印象就是国耻。继而由此伸开，对甲午的认识在社会上无非是『腐败致败』实际上这只是一种似是而非的理解，而且带有中国百年来的历史观中的传统纠结思想，即，我们对于自己历史上的失败，在无法真正了解和解释其原因时，就会形而上地归结到一些虚无缥缈的道德问题上。
●实际上，现代中国对于甲午认识『腐败致败』印象大都是出自道听传闻和误会。例如修建颐和园工程根本没有挪用北洋水师军费的一分钱；又如所谓北洋水师军舰主炮上晒衣裤，刘公岛上烟馆妓楼遍布，也全是子虚乌有。
●甲午战争中，清政府的政治腐败的确暴露得非常严重。但在这些腐败现象之上，更应看到的是当时中国的全方位落后，相比所谓的腐败落后才是致命伤。
●此外，甲午战争是中国近代以来第一场涉海洋的战争。甲午海战失败的教训是，一支以海防为目的建立的海军不会走得太远，一支没有深厚海权利益作为支撑的海军必定走不得太远，一个以海防思想主导的海洋政策必定会头破血流。对于海洋，应该持有拥抱的心态。

对甲午战争的印象

●甲午战争中有一事件让我印象最为深刻。
●1894年11月，日本组建第二军，登陆花园口攻向北洋水师的重要基地旅顺。当日军从花园口登陆后，即将攻逼途中第一个重镇金州时，因为通向金州有两条大路，日军无法判断哪条路是清军重点布防的方向。所以日军一支侦察骑兵，这支骑兵俘虏了一名叫王福的清军送信骑兵。然而当日军官询问他知道如果这样死了，家中父母是否有人照顾时，王福开始泪流满面，进而将他知道的所有情报告诉了日军。据此，日本第二军很顺利地攻抵金州城下。

汪青
历史、古兵器研究学者

甲午战争的关键因素

●关键因素是信息不对称，各方面的信息不对称。
●日本从1868年明治维新后，开启了工业化进程，并且在当政者的鼓动下，一度兴起了一股全盘西化、脱亚入欧的高潮。这客观上使日本迅速融入了当时大变革的世界主流。
●而清朝虽然有洋务运动，但这仅仅是局限于非常有限的一些技术引进，而对更重要的政治制度、军事制度、经济、科技等各个方面的变革，即便是洋务运动的主导者，也依然持非常坚定的反对和抵制态度，更何况将颠覆土地拥有者地位的工业化和资本主义进程了。
●再如日本对当时的世界格局和各国实力已经非常清楚，外交手段也极为成熟，对自己在亚洲称霸的步骤和方向更是相当清晰，早早筹划了多年。而清政府则是两眼一抹黑，对各国列强的情况几乎无任何了解，对自己在当时世界格局中的位置全然不知，更不知道日本的实力及其政治和战略意图。
●诸如此类各方面的信息不对称，最终决定了这场战争的结局是什么。

甲午战争的影响

●影响非常多，但我个人认为对两国来说最重要的一点，是日本知道了清朝的脆弱，知道三百年前强大无比的帝国现在已经不堪一击，这使日本进一步坚定了他们几百年来一直进军大陆的决心，直接导致了其后日本先占东北，进而进军中原的举动。
●对清朝而言，清政府大约唯一知道的是自己已经大打过日本这个小邻居，以及其他几个外来汉了。仅此而已。但清朝内的各路势力和各阶层的有识之士，却同时发现了政府的全面没落，发现了彼可取而代之的机会。这是之后辛亥革命及大规模内战的发端。

对甲午战争的认知

●现在存在的误解应该说相当多，譬如很多人认为甲午战争的失败只是个人因素——指挥不当，军事因素——装备落后，或者最多加上政治问题造成的。
●我认为这些都是一种非常有害的幻想，也或者是为了维护自尊而进行的掩饰和借口，是在回避问题的核心——清朝实际上是全面落后于日本的。
●在我看来，甲午战争之所以那么刺激中国人那么被中国人念念不忘，就是因为清国最终战败了，这标志着中原帝国的衰亡。实际上早在三十年前，从日本开始明治维新、占领琉球和进军朝鲜时起，就已经宣告了清朝迟早要失败，甲午战争只不过是正式宣告清朝全面失败的一场战争。
●清朝失败的关键原因，我在第一个问题里已经说了。另外可以补充的是，日本当时实际上开始进入了现代化进程，而清朝则没有实质上的改变，它固执地把自己排斥在世界潮流之外，以一种骄傲姿态来抗拒改变，所以其最终结果，必然是失败。

对甲午战争的印象

●对很多人来说，甲午战争大约等同于甲午海战。但我印象深刻的，却是中日两军的平壤之战。
●因为这场战役，几乎和三百年前明朝万历朝鲜战争中的平壤之战完全一样，只不过万历朝鲜战争中的平壤之战，是轻松的明军包围平壤，而甲午战争中则完全倒过来。甲午战争的平壤清军，连战失败和逃窜的过

特集·甲午海战，再认识

陈钦
《国军抗战全纪实》纪录片制片人

甲午战争的关键因素

● 从表面上看，清朝失败的直接原因是：北洋水师自成立之日起就停止购日本平均每年购买两艘新式军舰，清朝的武器装备当然比较落后，北洋士兵缺乏系统训练，军事素质不过硬。不过，无论从舰船质量、装备，还是兵力投入、士兵素质，都比北洋水师有优势。在海战中，北洋水师面临的是打、炮弹给不上，舰艇被击打性的打击，而且士兵训练不足，准头不够，打不过，跑也跑不掉。结果北洋水师大败，战舰被日军击沉数艘，而日舰仅是受伤而已。另外还有一点，清政府内部高层对战还是议和达不成统一意见，自然难以获胜。

● 但从根源上来讲，是国两国政治制度不同。日本在明治维新以后，就开始实行君主立宪制，而清朝还是封建君主专制制度，清政府仍坚持用保守的封建思想治理国家，只是把战舰"买了回去，也就算了"。而日本自天皇开始转变观念，不仅穿西餐、学英语，而且大力推进资产阶级维新运动。日本不仅赢在武器装备先进，更赢在政治制度先进和国民上下团结统一。

甲午战争的影响

● 对中方而言，甲午战败使投资兴建十年的海军毁于一旦，具有海外留学背景的将士大多殉国，从这方面来说人才损失是巨大的。战败后让辽东半岛、台湾岛、澎湖列岛等，清朝门户大开，失去海防屏障，朝鲜虽独立但受控日本，中国东北亦失去屏障，之后成为日本侵略中国的基地。开放商埠，令日本在通商口岸大肆兴建工厂，严重打击中国本土工商业。曾经称亚洲第一的北洋水师队轻而易举地摧毁，清朝的国际形象与地位一落千丈，刺激了西方列强瓜分中国的欲望。最重要的一点是，战败赔偿日本白银2亿两，这动摇国之根本。

● 对日方而言，战胜后虽得到辽东半岛，但是侵犯了俄国的在华利益，俄国联合德法两国逼使日本归还辽东半岛，令日本怀恨在心。后俄国又侵占大连、旅顺，日本极为不满，终在中国东北爆发日俄战争，2亿两白银的战争赔款，日本用于扩建军队和建设国家，使之更加强大。最终，日本通过"九·一八事变"揭开了武装侵略中国的序幕。

对甲午战争的认知

● 现在有人认为甲午海战中，北洋水师与日军实力相当，失败是因为指挥有误，部队贪生怕死。实际上当时北洋水师装备实力比日本要差。日本有快速巡洋舰，速射炮，北洋没有，战斗力有所悬殊。这场战争实际上没有悬念，在开战之前国际上就有声音说北洋必败。对于倾全国之力的日本，一盘散沙的清廷如何能够抗衡？

● 部分人认为甲午海战等于甲午战争，北洋水师覆灭等于甲午战争失败，这误解。事实上，在甲午中，清政府与日本动员兵力六十余万，从成欢之战、平壤之战、鸭绿江防之战、金旅之战，再到田庄台战役，从1894年7月25日到1895年3月停战时，双方大规模交战十余次，从投入兵力上都远超过甲海战。在清政府的防御战略上，陆战才是主力战场。

对甲午战争的印象

● 当日军侵犯号称"东方第一要塞"的旅顺口时，守将龚照玙、黄仕林、卫汝成等先后清逃，导致清军群龙无首，不战而败。旅顺不到一天，就被日军几乎不费吹灰之力占领。而在日俄战争中，同样要塞俄军坚守了半年，让日军付出了两万多人伤亡的惨痛代价。而在固若金汤的威海卫要地，陆地炮台很快就落入日军之手，得更惨是彻底，陆地炮台很快就落入日军之手。

程，都和当年固守平壤的日军小西行长几平一样。这实在很让人感慨。

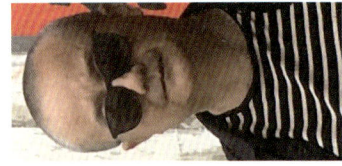

赵焰
作家、学者，著有《晚清三部曲》等

甲午战争的关键因素

● 我觉得主要是近代化的问题。打个比喻，近代化就是一台机器，而中世纪的就是手工业。当时清朝的近代化包括国力军事实力等硬件，也包括政府运转、军事运转，以及观念、战略战术思想和军事执行力等软件，与日本比较都处于全方位的落后状态。中国虽然有了先进武器，但整个国家机器的运转、军事力量的运转以及从朝廷到民间的观念，依然属于中世纪的农业国家，现代化程度不够，最后的结局是失败。这是肯定的。

甲午战争的影响

● 甲午战争的失败对于中国来说，结局当然是惨痛的，割地、赔款，中国的近代化严重受阻，民族自尊和自信遭到了很大打击，中国自《马关条约》开始，进一步被列强所瓜分。日本在甲午战之后，一跃成为世界列强之一，也增加了日本的狂妄，日本想当亚洲领袖的愿望更强烈，这场胜利，可以说巩固了日本进一步蚕食中国、发动侵华战争的野心。战争的胜利，让骄横的日本不知天高地厚，最后发展为与俄国、美国对抗，以致第二次世界大战中彻底失败。当然，从另一方面来说，甲午战争使中国跌入谷底，也使得很多中国人觉醒，改良和革命的愿望变得更加强烈。

中，在北岸炮台，日军甚至不战而取各个阵地，军港内的北洋水师腹背受敌，成了日本海陆两军的活靶子。最终，日军用清军留下的基本完好无损的大炮沉了北洋水师。

● 所以，甲午战争完败的原因除了海军，陆军的一路溃败也导致了甲午战败的结局。

促使了在此之后包括辛亥革命在内的一系列大变革。

对甲午战争的认知

●我觉得应该吸取教训，甲午战争中面对日本的挑战，中国当时上下都有着轻敌思想，以为凭仗着洋务运动的成果，凭借海军的舰位的实力，可以轻而易举地战胜日本。其实不是这样的，除了部分硬实力之外，清朝从整体上，包括国家管理、国民意识等根本性的东西，都比日本落后。战争是一个全方位的较量，不仅是军事实力，还有国力、政治的稳定性、国民的齐心协力等。对于甲午战争，中国和日本都应该吸取教训，前车之鉴，后事之师，使地区之间的竞争，尽量转向良性和克制，毕竟，战争对于谁都不是好事。

对甲午战争的印象

●就是日本对于中国了如指掌，但当时清朝"不知己不知彼"——甲午战争之前，日本对于中国各方面情况的掌握，包括清廷的派系斗争情况、国家实力、中国在朝鲜和中国东北的布防情况以及刘公岛海军基地的情况，可谓是非常清楚。所以战争一旦开打，他们早就心中有数。比如说1894年10月24日，日军进攻中国东北，在辽东半岛南岸的花园口登陆，对于这个地方，清军竟然毫无设防，根本没有料到日本会在这个地方登陆。实际上日本早就做足了这方面的情报工作，甲午战争，日本是"知己知彼"，而清政府呢，是"不知己、不知彼"，这样的状况，又焉能不败？

翁 飞
历史学博士、研究员

甲午战争的关键因素

●决定甲午战争胜败的决定因素，说到底

是两国的综合国力、经济实力、军事组织及其实战能力的大比拼。中日两国在大致相同的时期开始了国内的近代化进程，中国的洋务运动推行的是"中体西用"，而日本在"和魂洋才"到"脱亚入欧"，在本体政改上更加快速彻底地融入了先进的资本主义阶段。日本有一整套"大陆政策"，有举国备战、作战的国家意识，这是国民意识成熟，也就是国人素质对中国的极大超越，中国则除极少数在外交军事一线的官员和少数有世界眼光的知识分子有危机感之外，绝大多数人处于与外部世界相对隔离、浑浑噩噩的状态中。战争来临，朝野上下政出多门、派系掣肘，腐败盛行，指挥混乱，以致中方的实际统帅李鸿章发出"以北洋一隅之力，搏日本倾国之师"的哀叹，而梁启超直接形容为"以一人而战一国"，合肥虽败亦豪哉！"真的是很悲哀，也很讽刺，制度的落后、国人素质的落后，注定了战争的结局。

甲午战争的影响

●中国作为一个有着五千年文明史的大国，一直自居于世界的中心，经过两次鸦片战争、中法战争，中国从老大帝国的巅峰上跌落下来，清廷高层意识到了危机，开始办海防、建海军，但步履蹒跚。甲午一役，一个数千年来一直以中华文明为楷模、亦步亦趋跟在后面学习的小国日本，居然一举战胜了天朝大国、割地赔款，屈辱之至。"四万万人齐下泪，天涯何处是神州？"谭嗣同诗里所描述的，就是中国人被打疼了、打醒了。于是有了戊戌变法，有了辛亥革命……一代一代中国人为争取国家富强、民族复兴不懈奋斗！

●而日本，则由于发动侵略战争得巨大利益，使得它忘乎所以，利令智昏，一步步走向发动世界大战的深渊，直至毁灭的边缘。而且至今不思悔改，就在于其根深蒂固的军国主义亡灵在作祟。

对甲午战争的认知

●历史的教训是今天的观照，我们国家要

实现和平崛起、民族复兴，就要冷静理智地总结这场战争带给我们的教训和启示。在全面深化改革进入深水区的关键时刻，加快深化现代化全面改革进程，苦练内功，既是今天的国内形势的要求，也是国际大环境对我们提出的挑战。作为一个爱好和平的伟大民族，我们不希望战争，但是也绝不能再畏惧欺凌、屈服于上门来的挑衅和侵略，一定要有充分的应对和准备，包括物质上的和国民素质整体上的。

对甲午战争的印象

●"高升号事件"：1894年7月25日，清政府雇用英国商船"高升号"从塘沽起航，运送中国士兵前往朝鲜牙山。情报被日方截获，在丰岛附近海面埋伏的日本"浪速号"巡洋舰不顾国际公法，悍然装击"高升号"。当时"高升号"总共载有进军"仁字营"官兵1116人，誓死不降，船被击沉后，除245人跳海遇救获生外，其余的871名江淮子弟，全部壮烈殉国。"仁字营"士兵多为合肥东乡六家畈的吴姓子弟兵（最初名"华字营"，统领吴毓芬、吴伯华，后任其侄其堂弟仁、改名"仁字营"）。灵柩抬回家乡，六家畈按古楚风俗，家家在祖茔地上竖立"招魂幡"，召唤壮士英灵"魂兮归来"，以后每逢清明、冬至，相沿至今，我曾带领电视纪录片摄制组亲往拍摄，也是对爱国将士的纪念和缅怀吧。

谭伯牛
自由职业者，致力于清史研究

甲午战争的关键因素

●马幼垣先生曾经言简意赅地说："中日海军在硬件设备和软件条件上均相去远未接战前，战果可说已然革稿北洋水师没有在黄海一仗便全军覆没是奇迹。"我同意他的判断。当然，为什么会

特集·甲午海战，再认识

酿成这些的关键因素，则与当时清政府的政治外交有关。晚清有所谓的帝党与后党，斗争激烈，而作为后党主力的李鸿章，对北洋水师的建设一直受到政敌的掣肘，而李鸿章自己对于淮系人马的整经武也没有真正的效率。而对于日本来说，在「亚洲主义」主导下的「征清论」极有市场，井通过朝鲜事变付诸实施，崛起的东亚强国不会在甲午时候挑老大帝国，除非清政府改换外交思路，主动谋求中日同盟。然而限于当时情势，这是不可能出现的情况。

甲午战争的影响

● 对中国来说，战争失败，割让台湾，中央政府的威信受到极大损害，再经戊戌政变与义和团运动，清廷在内政与外交方面都做出了倒行逆施的决策，最终在1911年垮台。可以说，甲午的炮声，就是清廷的挽钟。日本胜出，获得赔款与土地，此后又在我国东北地区与俄国进行海陆决战，一战而身世界列强，既令此前战败的中国人转崇拜，其自身又加紧了侵占中国大陆的谋划，扶持伪满洲国之后，终于发动全面侵华战争。

对甲午战争的认知

● 鸦片战争让中国认识到世界不是我们想象的世界，甲午战争让我们认识到东亚不是我们所想象的东亚。身处今日，我们在和平时期检讨历史上的战争，实在是幸运。战争是政治的延续，战争的胜败往往取决于国家政治制度尤其是决策与用人制度的优劣。这是甲午战败不久中国人即已获得的教训。接下来的戊戌变法与晚清新政，虽未成功，也是想通过政治改革来解决国家的问题。

对甲午战争的印象

● 李鸿章的「失态」。自1895年3月20日，李鸿章与日本内阁总理大臣伊藤博文、外务大臣陆奥宗光在马关春帆楼进行了五次谈判。最后一次谈判，耗时最长而所谈都是不厌其烦地进行辩论。但是，他知大局已定，日方提出的条件必须全盘接受，「所以在日本的会谈中只是在枝节问题上斤斤计较不已，甚至『向伊藤哀求，以少许之减额（2000万两），赠作归国的旅费』。此种举动，从他的地位来说，不无失态」。其实甲午战争以前，李鸿章即已『失态』。其答客谈：「(李)明知北洋水陆隔之力，不敌日本一国之力，且一旦甫未预备，何能出师？但不战是汗，战败求和也是汗。」对此，李鸿章纵有天大本事，也只能「失态」。

冯玮
著名日本问题专家，复旦大学历史学系教授

甲午战争的关键因素

● 甲午海战爆发时，日本联合舰队有军舰32艘、鱼雷艇37艘，总吨位59000余吨；中国北洋水师有军舰22艘、鱼雷艇12艘，总吨位41200吨。但是，历史上以少胜多，以弱胜强的战例比比皆是，此差距并非中国在甲午的败因。中国所以战败，主要有以下几方面原因：

① 用人不当。清朝1885年成立海军衙门，但李鸿章等5名水师大臣和北洋水师提督丁汝昌，均缺乏专业历练。当时清朝培养海军官佐的福建船政学堂已有几届学生毕业，派赴英国的海军留学生也陆续归国。但李鸿章认为，「各管驾由学堂出身者，于西国船制操法己略有门径，而战阵实际概未阅历，必得久经百战者相与探讨研磨」，「军中无将，焉能不败？」

② 战术当。由于丁汝昌不谙海战，训练缺乏针对性和实战性，战时也指挥失误。黄海海战中，丁汝昌指挥北洋水师以横阵迎敌，严重制限了舰艇的机动与舰炮火力运用的有机结合。分析指出，甲午战败的原因虽多，要「以横阵之不良为最大失策」。另外，由于丁汝昌对李鸿章唯命是从，机械地服从李鸿章「如有违令出战，虽胜亦罪」的指令，多次遗失战机，尤其在刘公岛战中一味强调防御，最终导致刘公岛失守、北洋水军全军覆没。

③ 军备松懈。李鸿章曰后坦言：「我办了一辈子的事，练兵也，海军也，都是纸糊的老虎，何尝能实在放手办理，不过勉强涂饰，虚有其表，不揭破亦可敷衍一时。」

④ 贪污腐败。英国随军记者宁咸在战后这样写道：「假如中国军队所使用的炮弹不是装满泥沙，他们在这次海战中原本是可以获胜的。战败主要不是海军提督的过错，而是军械局内利欲薰心的官吏的罪恶酿成的。」黄海海战中，中国北洋水师军舰百余发炮弹命中日本联合舰队旗舰「松岛号」，却没有将其击沉，令日本人大呼「意外」。原因就是中国军舰发射的炮弹火药不足。

● 但若论「关键因素」，则如毛泽东在1944年所做的报告《共产党是要努力于中国的工业的》中所指出的：「日本帝国主义为什么敢于这样地欺负中国，就是因为中国没有强大的工业，它欺侮我们的落后。」

甲午战争的影响

● 甲午战争对中国的影响，主要是导致原先以中国为盟主的「东亚秩序」被颠覆，进而产生文化流向的逆转。甲午前，日本向中国学习，包括从中国汲取西方文化；但甲午后则是中国向日本学习，包括学习西方文化。正如王力先生所言：「现代汉语中的意译词语，大多数不是中国人自己创译的，而是采用日本人的原译。」我们今天所采用的具有今义的汉语词汇，如「革命、政治、经济、文化、文明、民族」等，都是由日本人采用汉字译出的。

● 至于对日本产生了什么影响，由于中国最终赔偿给日本的2.3亿库平银等于日本年财政收入的4.87倍，军费开支增长了一倍。由于军备需要，日本产业结构也出现了重大调整。毋庸置疑，甲午战争为日本以后进一步侵略中国、真定了重要基础。

对甲午战争的认知

● 这场战争是中国的国殇，令国人切齿扼

周海滨
口述历史学人、凤凰网历史专栏作者

甲午战争的关键因素

● 中国是一个陆权国家，历代国防政策大多重陆轻海，塞防重于海防。中国以农业立国，缺乏近代工业基础，造成海洋意识缺乏，再加上五百年来的"海禁"政策，使许多中国人视海洋为畏途。

● 史料显示，甲午战前的日本舰队是一支进攻型的舰队，北洋水师是一支防御型的舰队，两者实力不相上下。北洋水师虽略显劣势，但只要运用正确的战略战术，打赢甲午战争不是没有可能。然而，在双方后勤体系的对比、清政府在运输方式、卫生医疗编制、情报网等建设方面都要逊于日本。

● 当然，避战主和、和战分歧、消极防御是中国战败的缘由。虽然在军力上中强日弱，但在国力上中弱日强，日本在速战、中国利在久战，但中国未能坚持下去，最后失败。

甲午战争的影响

● 甲午战争彻底粉碎了中国士大夫的"天朝大国"迷梦，中国人的日本观经历了从轻视嘲讽到震惊反思、以至效尤摹仿的变化轨迹。

● 甲午战后，中国从此一蹶不振，然而战争的失败也给国家带来了转机，推动了社会变革。中日《马关条约》签订后，康有为等上书光绪皇帝，掀起维新变法。实业救国热潮，几年内所取得的近代化成果堪比战前半个多世纪。

● 甲午战争让日本逐渐取代中华帝国的东亚盟主地位。占有中国台湾并扩大版图以后，日本的国家体系开始具有多重构造并演变成近代多民族国家。"战后财政十年计划"的推行让日本扩军备战加快速度，其战后十年的发展超过战前二十七年。

腕。但我们应该清楚，现代战争是远程接触战争，和甲午时期完全不同。中国应该有一种大国心态——做到既警惕日本又不妖魔化日本；既不惧战争，更热爱和平。也就是如中国官方一再强调的，人不犯我，我不犯人，人若犯我，我必人，做到"擦枪不走火"。牢记历史、不忘国耻不等于一定要发动一场将日本"灭掉"的战争。

● 我们应弘扬爱国主义，但绝不是弘扬"义和团精神"。因为，中国的国家战略是"和平崛起"，不是战争崛起。"义和团精神"有损中国国际形象，助推"中国威胁"，对中国有害无益。

对甲午战争的印象

● 2011年8月，我陪同中央电视台赴日拍摄《日本文明》系列片，令我印象最深刻的是日本九州福冈市的"定远馆"。定远馆是一个带有庭院的单层别墅式建筑，是用当年中国清朝北洋水师旗舰"定远"的部件建造的。在进门的铁门上，有个被炮弹洞穿的大洞，犹如流落异乡的游子眼角上巨大的泪珠！

● "定远号"最后因丧失战斗力，由舰长刘步蟾下令炸沉。翌年，日本将其打捞上岸，用拆卸下的舱壁和甲板建造了"定远馆"。历百年风雨，依然大部完好无损。可以想见这艘战舰何等坚固。

● 在那里，我想到的是，论"船坚炮利"，北洋水师不逊于日本联合舰队，定远舰在当年更被称为"亚洲第一舰"。之所以酿成甲午之耻，李鸿章的话令人深思："我办了一辈子的事，练兵也，海军也，都是纸糊的老虎，何尝能实在放手办理，不过勉强涂饰，虚其表，未揭破，犹可敷衍一时。"历史的警钟，应该长鸣。

对甲午战争的认知

● 史学界有观点把甲午战争看成是洋务运动破产或失败的标志，但若没有洋务运动，这场战争中国会败得更加惨烈。战后中国出现了更大规模兴办实业、收回利权、介绍西学和出国留学热，而洋务运动即是最初的推波助澜者。

● 过去误以为李鸿章主和，其实当时李氏电稿、奏稿和有关谕旨函稿可证，李是主军事缓进却无屈己和。甲午惨败是中国"封建体制"所误，李鸿章战前一味依仗强俄、低估日本的力量和决心，才是他真正误国之处。

● 刘坤一受命督办东征军务，但没有把军政权集于一身，使湘军在辽东战场节节溃败。他有不可推卸的责任。牛庄失守后，刘坤一主张对日持久作战，后来又支持刘永福抗日，应当肯定。

对甲午战争的印象

● 宋庆不顾75岁高龄，几乎参与指挥了甲午陆战中的历次重大战役，虽然胜少败多，但知难而进，敢打硬仗，并能与士兵共甘苦，是一个值得肯定的人物。他声言："此行如不能挽救倾之功，唯一死以报国。"

● 《纽约世界报》的记者詹姆斯·克里尔曼（James Creelman）见证了旅顺大屠杀日本军队的暴行，他绕过日本国内的严格管制，将手稿送达报社编辑部，这一系列报道让美国一直视之为"文明"的日本露出了"野蛮的筋骨"，美国舆论的亲日情绪开始冷却。

● 值得反思的是，清廷的沉默以及舆论的引导处于蒙昧阶段，1894年的中国和日本，已经完全无法对话，一旦对决，中国的败政、蒙昧和落后展露无遗。国殇的记忆不会因为政党、政见而抹去。

特集・甲午海战，再认识

脱亚？兴亚？
甲午战前的"亚细亚主义"

脱亜？興亜？
日清戦争前のアジア主義

萧西之水/text

战前思潮

所谓"脱亚入欧"

● 只要一提近代日本，"脱亚入欧"四字好像必不可少。

● 1885 年 3 月 16 日，日本《时事新报》刊登了福泽谕吉的匿名文章《脱亚论》，明言中国、朝鲜都是"恶友"，如果与恶友为伍，就会共担恶名，西方人就会瞧不上自己。"为了成为文明国家，必须要脱离亚洲、指向欧洲"。

● 的确，明治维新以来，日本人学习西方日渐强大。久而久之，自然会看不起老邻居中国与朝鲜，想摆脱中国这个旧时代的亚洲中心；自然会想与欧美列强平起平坐，然后反过来侵略中国和朝鲜。

● 那福泽谕吉到底是否提供了军国主义思想呢？

● 京都大学教授丸山真男很早提到：史学界将福泽谕吉的对外思想归为"脱亚入欧"，基本是 20 世纪 50 年代以后的事

情；在福泽谕吉所有署名文章之中，"脱亚入欧"四字从未连用，甚至"入欧"两字连用也从没有过；《脱亚论》在福泽谕吉在世之时，更是从未编入自身文集。

● 不仅如此，静冈大学副教授平山洋发现，《脱亚论》发表后的 10 天内，日本三大主流报纸上完全不见任何评论，接下来的 48 年里更是无人问津。直到 1933 年，福泽的弟子石河干明在没有直接证据的情况下，将这篇文章编入《续福泽全集》，但依然没人搭理。再到二战结束的 1951 年，史学家远山茂树找到这篇文章，如获至宝，立刻撰文批判福泽谕吉与军国主义，中韩史学界才看到这篇文章。久而久之，《脱亚论》就成了甲午战争的"根本原因"，成了军国主义的"理论基础"，成了日本右翼的"精神食粮"。

福泽谕吉，先生

● 日语中，老师之间互相称呼，结尾一般为"先生"，而同学之间互相称呼，一般为"君"。但在庆应义塾大学，所有老师都互称"君"。

● 因为在这里，"先生"有且只有一位——福泽谕吉。

● 细数福泽谕吉一生，除了舞刀弄剑，就是开学校，除了翻译书籍，就是办报纸，富商巨贾、达官显贵似乎一辈子也与他无关。但他却干了很多富商大官一辈子也干不出来的事——支持朝鲜近代化。

● 朝鲜开国之后（1876 年），派遣大量留学生、考察团来到日本访问。他们来到日本虚心求教，希望能为国家找到改革方法。这种热忱深深打动了福泽谕吉，1880 年 4 月，朝鲜第二次修信使金弘集（后来

○ 福泽谕吉

的总理）来访，福泽谕吉特地用汉文作了一首诗送给对方：

异客相逢君莫惊，
今吾自笑故吾情，
西游记得廿年梦，
带剑横行龙动城。

● 为什么会有"今吾"笑"故吾"，还有"廿年梦"呢？原来，早在明治维新以前，福泽谕吉身为藩士连续多年到欧美游历，那正是在19世纪60年代，算来正好20年。如今福泽谕吉步入中年，看到新的年轻人朝气蓬勃，仿佛看到了过去的自己，自然也会告诉他们：见到不一样的客人，不要太惊慌啊！

● 紧接着1881年3月，后来的开化派领袖金玉均来访，福泽谕吉看到朝鲜与日本幕末有很多相似之处，便将自己对政治改革的心得传授给金玉均，并答应帮助朝鲜走向独立。

● 1882年日朝签订《济物浦条约》，强迫朝鲜赔偿50万日元（当时1日元约合今350元人民币）。福泽谕吉为了帮助朝鲜赔款，亲自从横滨正金银行贷款17万日元给朝鲜。此外他还给金玉均介绍了日本官员，外务卿井上馨表示只要朝鲜国王同意，他可以再借款300万日元，帮助朝鲜恢复经济。

● 福泽谕吉的支持行动并未就此结束。1883年，庆应义塾弟子井上角五郎、牛场卓造来到朝鲜，帮助朝鲜创立了其历史上第一份报纸《汉城旬报》。在福泽谕吉的指导下，朝鲜人开始将朝鲜语以汉韩混写的方式写作出来，将大量日语译词输入朝鲜。今日韩语语法、词汇与日语颇为类似，也正是筆始于此。

● 1884年甲申政变之后，大量开化派人士遭朝鲜官方屠杀。福泽谕吉大失所望，特地在1885年8月13日写了《为了朝鲜人民，恭贺其国灭亡》一文，指责朝鲜贵族只为政权稳定，不想百姓生存，"如果一国不能保护人民生命财产，不能保护国民独立，那么这种国家不如灭亡了好"。这种口气，仿佛又让人看到一位幕末志士在抨击腐朽的江户幕府。

● 福泽谕吉可谓尽心尽力，甚至把朝鲜当作另一个维新的对象去努力，把朝鲜政府当作另一个幕府去抨击。

兴 亚：团 结？领 导？

● 其实福泽谕吉根本不是脱亚分子，恰恰是其对立面——兴亚会顾问。

● 所谓"兴亚"，当然就是中、日、朝三国联合，共同对抗欧美列强。兴亚会成立于1880年1月，不仅有日本人参与，接连两任中国驻日公使何如璋、黎庶昌都是其会员，李鸿章养子李经方更与福泽谕吉、胜海舟等人同列为兴亚会顾问，朝鲜开化派金玉均、朴泳孝自然也跟随导师加入其中。

● 兴亚会不是官方组织，其初期会员在后世的日本大多默默无闻，但他们在大阪、神户、长崎设立分部，开展汉语、朝鲜语教学，吸收三国有识之士齐聚一堂，共商东亚联合。福泽谕吉支援朝鲜改革，组织上也是通过兴亚会来完成。

● 1883年1月，兴亚会改组为亚细亚协会，吸收了更多政府官员加入，后来的首相桂太郎、原敬、犬养毅都赫然在列，可以看出亚细亚主义思想逐渐渗透进政府内部。但很可惜，亚细亚协会到后来越做越小，逐渐成了胜海舟反对中日开战的根据地。

1862年任江户幕府使节的福泽谕吉(27岁)

- 1884年甲申政变给亚细亚主义团体带来了一次重要分裂：一部分仍旧执着于中、日、朝联合，算是"团结式兴亚"；但另一部分人受到政变影响，对清朝存有提防心理，于是提出在维护日本本身利益的前提下兴亚。这一部分人最终走向"由日本领导中朝两国，复兴亚洲"，从团结式走向了"领导式兴亚"。
- 后者中最著名的，莫过于玄洋社（1881年成立）。后来著名的右翼思想家头山满就出身于此，他还曾经在甲申政变之后给金玉均500日元做零花钱。
- 玄洋社成立以来，一直做得不大，主要原因在于其核心圈子是旧幕府福冈藩士，与其说是政治团体，不如说是老友会。他们之所以崛起，原因还是在于19世纪70至80年代盛极一时的自由民权运动。
- 众所周知，明治政府一直为长州、萨摩两大藩阀把持，他们排斥异己，甚至将当年倒幕盟友土佐藩（四国）、福冈藩（九州）势力踢出政局。于是19世纪80年代，四国、九州地区出现了呼吁民权者，呼吁开设议会、建立宪法。
- 1881年，日本决定在10年后开设议会，但紧接着1885年伊藤博文（长州）担任初代首相，1888年黑田清隆（萨摩）担任第二任首相。自由民权者喜于有了议会这个平台、能够转型为"民党"，却苦于缺少了一个反对萨长藩阀的胜负手。于是其中不少人再度走到一起，做了一个危险的转型：从呼吁民权走向呼吁国家权力——国权派正式出现。
- 恰好，玄洋社主旨就是"敬戴皇室、爱重本国"，一时间大量激进人士涌入玄洋社。
- 19世纪80年代后期，自由民权者开始攻击各项列强特权，主张修改条约。但外相大隈重信考虑到实际情况，对列强提出的条约修正案中进行了大量妥协，引得日本民众大怒。1889年10月18日，刚刚退出玄洋社的激进分子来岛恒喜将炸弹投向大隈重信的马车，旋即刺喉自尽。
- 既然是维护国权，就要将所有潜在对手视为敌人，清朝也无法例外。玄洋社等团体不停发动舆论，推动了民族主义发展。其实在甲午战前，日本高层也存在反战呼声，但舆论狂热攻击政府在条约修正中妥协，甚至促成议会弹劾首相伊藤博文。无奈之下，伊藤博文只得屈服于民族主义情绪，按下了对华开战的按钮。

○ 玄洋社成员，前排右五为头山满

尾声：走向"大亚细亚主义"

- 在19~20世纪转换期，亚细亚主义起到了很多正面作用。
- 1898年，东亚同文会成立，宣扬"支那保全"，接济了不少戊戌变法人士。与此同时，玄洋社的衍生团体——黑龙会（1901年成立）支持中国革命，帮助孙中

● 山统合华兴、兴中、光复三会为同盟会。
● 但较之团结式，"领导式兴亚"却在日后更加时兴：20 世纪 20 年代开始，亚细亚主义者提出"民族自决"理念，支持满蒙独立；与中国革命关系密切的北一辉开始批判日本政府，甚至拟定了《日本改造法案大纲》，要求"宪法停止"。满洲国成立、"二·二六"事变，都与这些思潮有着密切关系。
● 当然不能忘了"大东亚共荣圈"这个臭名昭著的口号，虽然国人早已认清其本质，但在当时，真的有很多日本青年是为了"自存自卫，解放亚洲"才走向战场，成为军国主义的炮灰。
● 二战结束，美国占领军将玄洋社、黑龙会定义为"极端民族主义团体"，强行解散。东亚同文会则改组为霞山会，一直存续至今，为中日交流继续做着贡献。

战前兴亚活动表

年份	大事件	团结式兴亚	领导式兴亚
1880		兴亚会成立，福泽谕吉与金弘集会面	
1881		福泽谕吉与金玉均会面	玄洋社成立
1882	壬午兵变	福泽谕吉为朝鲜筹资 17 万日元	
1883		兴亚会改组为亚细亚协会，福泽谕吉弟子开办《汉城旬报》	
1884	甲申政变	福泽谕吉帮助金玉均逃亡	头山满赠予金玉均 500 日元
1885	《中日天津条约》	福泽谕吉发表《论朝鲜独立党之处刑》《为了朝鲜国民，恭贺其国灭亡》	无署名文章《脱亚论》发表
1886	长崎水兵事件		
1887			头山满创立《福陵新报》，讨论如何废除日本的不平等条约
1889	《大日本帝国宪法》颁布		来岛恒喜行刺大隈重信
1890	日本第一次帝国议会开幕		
1891			东邦协会成立
1892			玄洋社参与政府的选举干涉行为
1893			殖民协会成立
1894	金玉均在上海遇刺，甲午战争爆发	胜海舟反对中日开战	玄洋社成员内田良平前往朝鲜，成立"天佑侠"，协助朝鲜东学党起义

特集·甲午海战,再认识

甲午战前：缠斗政经*

甲午戦前 葛藤する政経

萧西之水 / text　陈晗 / edit

05 战前
战前国力、产业对比

* 本文所引资料数据，均出自：明治财政史编纂会编，《明治财政史》，丸善出版社，1904~1905；周育民著，《19世纪60~90年代清朝财政结构的变动》，《上海师范大学学报（社会科学版）》，Vol.29,No.4,2000.11；周育民著，《塞防海防与清朝财政》《上海师范大学学报（社会科学版）》Vol.30,No.1,2001.1；陈锋著，《清代财政支出政策与支出结构的变动》《江汉论坛》，2000.5。

政 治

● 国人倾向于将甲午战争看作日本军国主义的起点，认为二战与甲午战争在核心上有着延续性。

● 然而，事实远远复杂于我们的所想所知。

● 先来看朝鲜政局。

● 由于长期谴责日本，引日本入关的朝鲜开化派自然也受到口诛笔伐。但事实上，开化派领袖金玉均的理想并非引入日本势力，而是要借助日本，将朝鲜改造为近代化国家——好吧，听起来冠冕堂皇，但考察一下他的出身，会有一些意想不到的发现。

● 1864年，朝鲜新王登基，这就是名声赫赫的高宗。不过别着急，那时候高宗还是个小屁孩，于是他爹——兴宣大院君便掌管朝政。大院君上来就颠覆了安东金氏数十年如一日的绝对统治，而金玉均正出身于安东金氏。他不仅保持"两班"*身份，更通过科举考试。1876年朝鲜开国后，金玉均等开化派人物马上赴日留学，得到明治启蒙思想家福泽谕吉的指导，回国进行改革。

* 古代高丽国和李氏朝鲜的贵族统治阶级与学者官吏。

● 然而朝鲜政局却极为复杂，除去大院君代表王权，高宗正妻——闵妃联合了大量受压制的两班保守士人，形成外戚派。至于金玉均的开化派，则代表着两班开明士人。

● 说实话，三者政策本无太大区别。大院君主张锁国而亲清，闵妃主张开国而亲清，开化派主张开国而亲日，理念上本有调和空间，但由于政治派别上不兼容，三者内斗不止。终有1882年壬午兵变（大院君 vs 闵妃）、1884年甲申政变（开化派 vs 闵妃）两场大乱，引发东北亚一连串地缘危机。

● 两次大乱，清朝表现极为主动，陆海齐聚，阻止朝鲜倒向日本一方，甚至一度将大院君软禁。后来闵妃不太听话，清朝又将大院君放回予以牵制。清政府反复玩弄政治手腕，终使朝鲜政局掌控于手，而日本也不再支持朝鲜开化派举动，甚至将流亡日本的金玉均数度软禁。

● 金玉均从宠儿变弃子，象征着日本政治思维的变化。整个19世纪80年代，中国对日一直占据优势，日本一方面斥资用于国防，一方面国内有人提出中和提案——朝鲜中立化。

● 朝鲜不仅有中日两国因其对峙，更有英俄觊觎：英国占领朝鲜巨文岛长达三年（1885~1887），俄国两度向朝鲜递交密约。日本将这些看在眼里，井上馨于1885年提出，可以认可清朝在朝鲜占据优势地位，由中日合力保全朝鲜，排除英俄势力；1890年山县有朋发表了"主权线—利益线"理论，认为朝鲜是日本"利益线"的焦点，并构思在中、日、英、德四国保障下，实现朝鲜中立化。

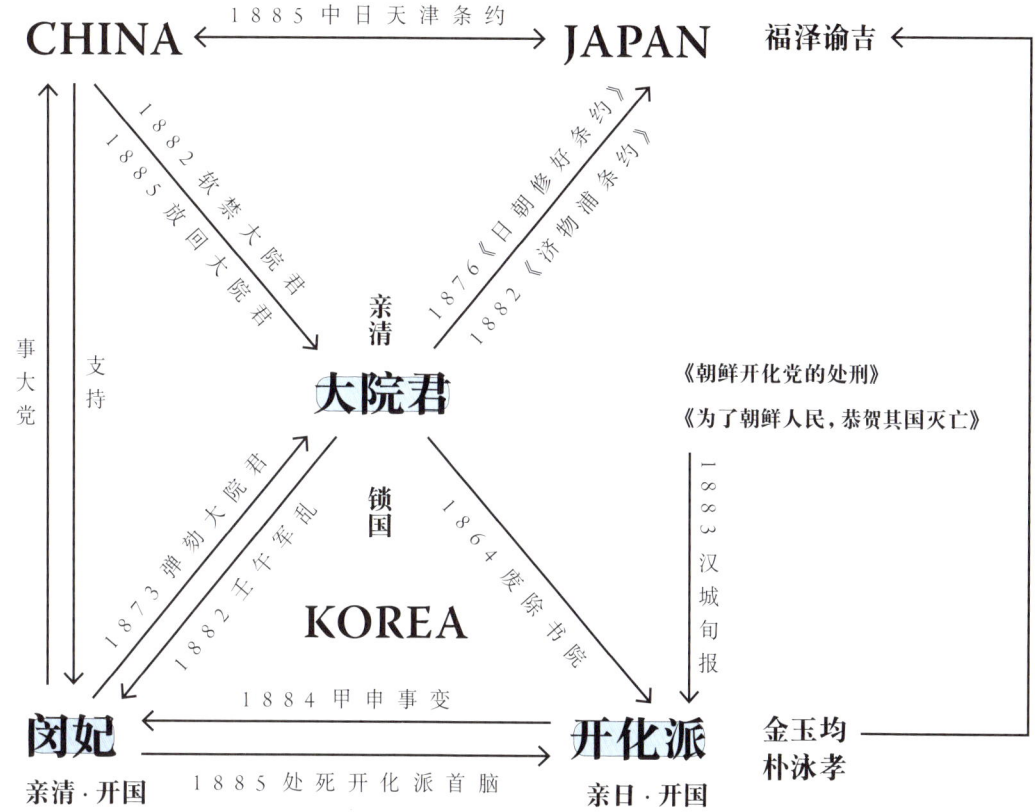

- 所谓中立化，并非是日本进入，而是防止他国掌控朝鲜，对日本形成威胁。
- 另外需要注意，井上馨、山县有朋都出身于旧幕府长州藩。对于上述观点，同为长州藩出身的伊藤博文非常认同，萨摩藩出身的大山岩（陆军）、桦山资纪（海军）却大力反对，可见路线分歧一开始明显带有藩阀内斗色彩。
- 很有趣，清朝北洋系统当时也并不好战。
- 身为北洋领袖李鸿章的养子，李经方曾任中国驻日公使，甚至是日本民间团体兴亚会的顾问，与福泽谕吉、胜海舟等调和派人物同列。驻日期间，他曾与金玉均会面，这一时期金玉均感叹于日本不再支持自己，反而提出了中日朝"三和"方案，保全朝鲜，与日本预想的中立化不无类似。
- 李经方得知这一消息，连忙请金玉均来访中国，并称李鸿章也会与其共商大事。然而联络情报却被朝鲜保守派利用，1894年3月，金玉均在上海遇刺。
- 金玉均的去世极大地刺激了朝鲜士人，国内政局不稳，恰逢同年东学党起义爆发，清军应邀出兵平乱。日本国内强硬派呼声极为强劲，甚至引起议会解散，最终逼迫伊藤博文改变对华政策，走向开战之路。
- 同时，李鸿章深知中国并无实力完胜日本，对战争毫无信心，多次建议避战，备受清廷"清流"士人攻击。北洋系统身为晚清改革集团，早已有大量守旧派官员与其对立，关键时期选择避战，虽是无奈之举，却正中对手下怀。"清流"人士在朝中广造舆论，最终逼迫李鸿章向朝鲜增兵。
- 然后，就有了丰岛海战。

特集·甲午海战，再认识

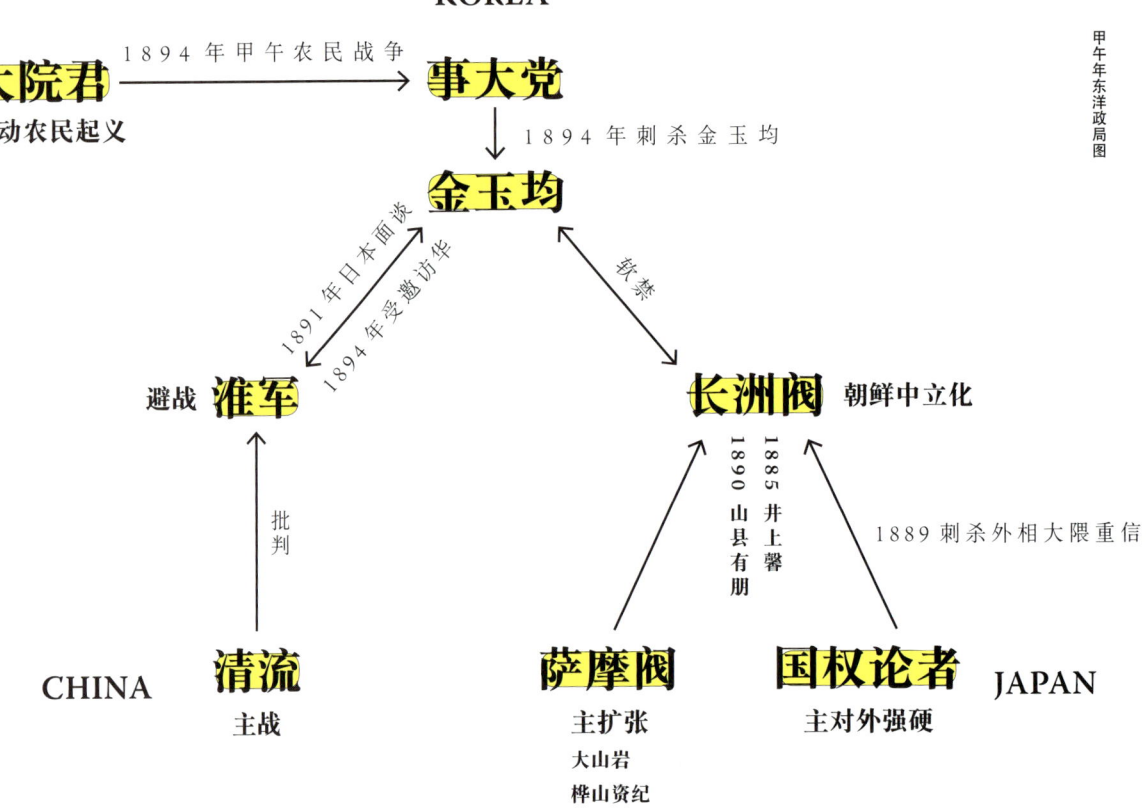

甲午年东洋政局图

产 业

● 提到产业，首先应该想到产能，比如粮食、棉花、钢铁这种硬货。然而很可惜，虽然日本从 1868 年维新伊始就有年鉴统计，但中国却一直没有全国性产能统计，导致资料极度匮乏。从这点也可以看到，日本人从一开始就建立了数据化思维，而中国却一直没有走到这一步。

● 我们可看看双方财政收入。

● 清朝为期 20 年的洋务运动可谓非常成功，国家财政收入较 1842 年增长了一倍，在 19 世纪 80~90 年代前期维持在 8 000 万两白银左右；日本从 1868 年明治维新开始之后也非常给力，1875 年的国税收入就已经暴增 18 倍，19 世纪 80 年代依然在增长，直到 1890 年，财政收入才基本稳定在 1 亿日元这个关口。

● 数额上，清朝财政收入在 19 世纪 80~90 年代与日本相差不多，但随着时间的推移越来越少，甚至在 1893 年已少于日本。考虑到双方人口（4.5 亿∶6 000 万）与国土面积（1 260 万平方公里∶37 万平方公里）差异如此巨大，似乎都能看出中国虽号称"天朝物产丰富"，日本也并非"蕞尔小国"，双方中央政府的可用之财，并非清廷那些清流士人所想的那么多。

● 再来看看财政构成。毫无疑问，农业税（田赋、地租）依然是这两个农业大国的重中之重，各自比例都在 40% 左右。虽然这个比例比起清朝 19 世纪 40 年代（75% 左右）、日本明治维新初期（80% 以上）要下降了很多，但依然是整个国家的收入基础。

1886 光绪12年 明治19年

盐课 6 735 315　田赋 32 625 133　地租 43 282 477
厘金 13 459 161　关税 19 236 743　商业税 18 099 273
　　　　　　　　　　　　　　　　关税 2 989 685

中国 81 269 799　两白银 / 101 587 249　日元　日本（决算额）85 326 143　日元　中日比较 1.19

1887 光绪13年 明治20年

盐课 6 997 760　田赋 32 792 627　地租 42 152 171
厘金 18 643 146　关税 20 081 682　商业税 18 099 273
　　　　　　　　　　　　　　　　关税 2 989 685

中国 84 217 394　两白银 / 101 587 249　日元　日本（决算额）105 271 743　日元　中日比较 1.19

1888 光绪14年 明治21年

盐课 7 507 128　田赋 33 224 347　地租 34 650 528
厘金 12 934 105　关税 23 094 267　商业税 25 461 244
　　　　　　　　　　　　　　　　关税 4 615 494

中国 87 792 818　两白银 / 109 741 023　日元　日本（决算额）92 956 935　日元　中日比较 1.18

1889 光绪15年 明治22年

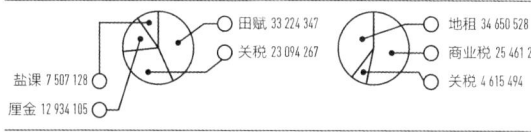

盐课 7 716 272　田赋 32 082 832　地租 42 161 327
厘金 12 430 886　关税 21 929 723　商业税 24 404 810
　　　　　　　　　　　　　　　　关税 4 728 123

中国 80 761 949　两白银 / 100 952 436　日元　日本（决算额）96 687 979　日元　中日比较 1.04

1890 光绪16年 明治23年

盐课 7 427 615　田赋 33 736 023　地租 39 712 221
厘金 12 691 241　关税 21 984 309　商业税 21 626 071
　　　　　　　　　　　　　　　　关税 4 392 566

中国 86 807 559　两白银 / 108 509 449　日元　日本（决算额）106 469 353　日元　中日比较 1.02

1891 光绪17年 明治24年

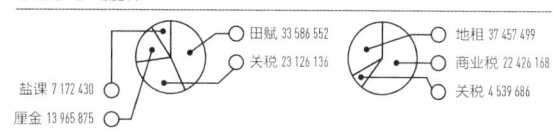

盐课 7 172 430　田赋 33 586 552　地租 37 457 499
厘金 13 965 875　关税 23 126 136　商业税 22 426 168
　　　　　　　　　　　　　　　　关税 4 539 686

中国 89 684 858　两白银 / 112 106 073　日元　日本（决算额）103 231 488　日元　中日比较 1.09

1892 光绪18年 明治25年

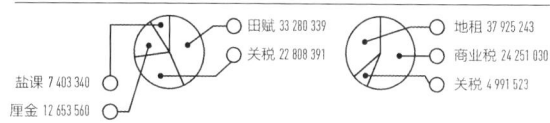

盐课 7 403 340　田赋 33 280 339　地租 37 925 243
厘金 12 653 560　关税 22 808 391　商业税 24 251 030
　　　　　　　　　　　　　　　　关税 4 991 523

中国 84 364 438　两白银 / 105 455 548　日元　日本（决算额）101 461 911　日元　中日比较 1.04

1893 光绪19年 明治26年

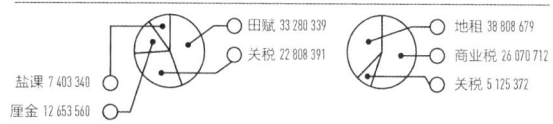

盐课 7 403 340　田赋 33 280 339　地租 38 808 679
厘金 12 653 560　关税 22 808 391　商业税 26 070 712
　　　　　　　　　　　　　　　　关税 5 125 372

中国 83 110 001　两白银 / 103 887 501　日元　日本（决算额）113 796 380　日元　中日比较 0.91

1894 光绪20年 明治27年

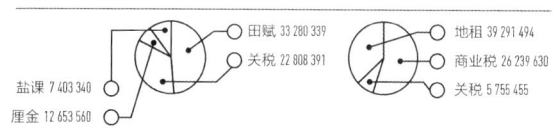

盐课 7 403 340　田赋 33 280 339　地租 39 291 494
厘金 12 653 560　关税 22 808 391　商业税 26 239 630
　　　　　　　　　　　　　　　　关税 5 755 455

中国 81 033 540　两白银 / 101 291 925　日元　日本（决算额）98 170 028　日元　中日比较 1.03

甲午战争前中日财政结构对比（1886—1894年）*

● 关税收入方面，中国明显做得更好，比例上超出日本20%。中国虽然饱受列强入侵，但依然能从进出口贸易中获得显著收入，显示出近代海关日趋完善，中外贸易更是车水马龙。但也需要注意，中国关税高涨的一大主因是鸦片贸易，在关税收入中占到三分之一，换算到财政收入中也能占到将近10%。

* 1两银约合1.25日元，虽然19世纪90年代金银比价增大，但由于中日两国都以银为结算工具，故暂不考虑中间差异。

特集·甲午海战，再认识

战前清朝鸦片收入数据表

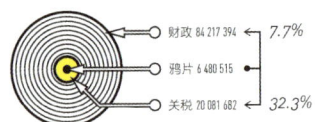

1887 光绪13年 明治20年
- 财政 84 217 394
- 鸦片 6 480 515 — 7.7%
- 关税 20 081 682 — 32.3%

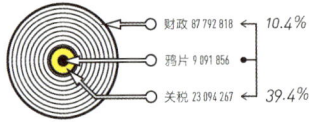

1888 光绪14年 明治21年
- 财政 87 792 818
- 鸦片 9 091 856 — 10.4%
- 关税 23 094 267 — 39.4%

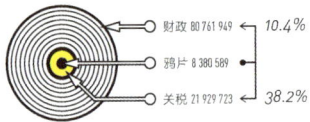

1889 光绪15年 明治22年
- 财政 80 761 949
- 鸦片 8 380 589 — 10.4%
- 关税 21 929 723 — 38.2%

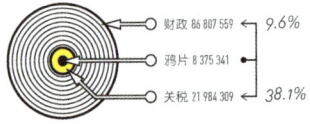

1890 光绪16年 明治23年
- 财政 86 807 559
- 鸦片 8 375 341 — 9.6%
- 关税 21 984 309 — 38.1%

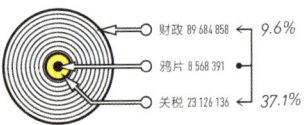

1891 光绪17年 明治24年
- 财政 89 684 858
- 鸦片 8 568 391 — 9.6%
- 关税 23 126 136 — 37.1%

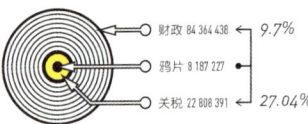

1892 光绪18年 明治25年
- 财政 84 364 438
- 鸦片 8 187 227 — 9.7%
- 关税 22 808 391 — 27.04%

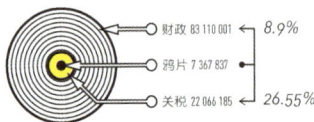

1893 光绪19年 明治26年
- 财政 83 110 001
- 鸦片 7 367 837 — 8.9%
- 关税 22 066 185 — 26.55%

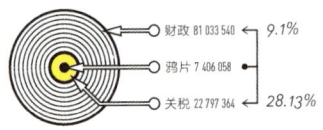

1894 光绪20年 明治27年
- 财政 81 033 540
- 鸦片 7 406 058 — 9.1%
- 关税 22 797 364 — 28.13%

● 接着说厘金。厘金作为近代中国标志性的"苛捐杂税"饱受谩骂。的确，商品只要一生产出来，马上有人征税；流入市场，又要征税；运往外地，更是路过一方就要收一份厘金。无度征收厘金极大冲击了商业流通，也促使洋货进一步冲击土货，但与此同时，厘金增长也说明了经济有所发展。

● 厘金最早在19世纪50年代征讨太平军之时被启用，目的是筹措军费。但地方政府好不容易发现了一条新的生财之路，自然不会轻易放过，太平天国运动之后反而成了常例。虽然出现仅仅三十余年，但厘金的额度却大大超过盐课这一上千年的传统税种，牢牢固定在财政收入的15%左右，如果与关税加在一起，甚至能与田赋平起平坐，可见中国税收结构已然出现了根本性转变，由洋务运动带来的近代工商业体系正在稳定运转。

● 对比日本商业税，清朝的厘金与盐课加在一起并不逊色。然而由于厘金收取全由地方政府完成，与中央政府之间缺乏明确的分配机制，加之清朝一直使用现货银作为结算工具，纸币流通很少，导致中国虽然并非没钱，但流通较差，很难将一些僵化资产转化为自由资本。

● 双方不仅在财政收入上稳定，就连收入来源都非常稳定，足见双方改革都已经临近尾声。因此，将甲午战争看作洋务运动与明治维新之间的一场武力较量，并不为过。

军备

- 聊完了钱怎么挣，现在要聊钱怎么花——尤其是怎么花在军备上。
- 其实甲午战争之前，日本并非从一开始就想扩军。1877年西南战争结束，日本国力大受损失，陆军元老山县有朋提出《陆军定额减少奏议》，要求国家从"强兵"思想转为"民力休养"政策。
- 那又是什么让日本重新扩军呢？
- 1879年日本吞并琉球，旋即清廷政策就从"塞防"转为"海防"，将假想敌从俄国转为日本。
- 1882年壬午兵变爆发，清军入朝戡乱，速度效率均令人叹为观止，掳走大院君更让日本警惕。

战前中日军费对比（1887-1894年）

1887 光绪13年 明治20年

北洋8舰维持费 4 000 000
海防经费 2 682 982
追加海防经费 135 158
南洋军舰维持费 500 000
新疆塞防 3 500 000
勇饷 20 157 663
总军费 30 975 803
—
中国财政支出 81 280 900

陆军军事费 12 420
海军军事费 9 818
临时军事费 214
总军费 22 452
—
日本财政支出 79 453

1888 光绪14年 明治21年

北洋8舰维持费 4 000 000
海防经费 2 757 430
追加海防经费 356 929
南洋军舰维持费 500 000
新疆塞防 3 500 000
勇饷 22 787 031
总军费 33 901 390
—
中国财政支出 81 967 737

陆军军事费 12 744
海军军事费 9 810
临时军事费 232
总军费 22 786
—
日本财政支出 81 504

1889 光绪15年 明治22年

北洋8舰维持费 4 000 000
海防经费 2 766 674
追加海防经费 240 000
南洋军舰维持费 500 000
新疆塞防 3 500 000
勇饷 20 608 455
总军费 31 615 129
—
中国财政支出 73 079 627

陆军军事费 14 126
海军军事费 9 323
临时军事费 135
总军费 23 584
—
日本财政支出 79 713

1890 光绪16年 明治23年

北洋8舰维持费 4 000 000
海防经费 2 813 169
追加海防经费 695 000
南洋军舰维持费 500 000
新疆塞防 3 500 000
勇饷 20 249 714
总军费 31 757 883
—
中国财政支出 79 410 644

陆军军事费 15 533
海军军事费 10 159
临时军事费 0
总军费 25 692
—
日本财政支出 82 125

1891 光绪17年 明治24年

北洋8舰维持费 4 000 000
海防经费 2 939 813
追加海防经费 635 000
南洋军舰维持费 500 000
新疆塞防 3 500 000
勇饷 16 188 469
总军费 27 763 282
—
中国财政支出 79 355 241

陆军军事费 14 180
海军军事费 9 502
临时军事费 0
总军费 23 682
—
日本财政支出 83 555

1892 光绪18年 明治25年

北洋8舰维持费 4 000 000
海防经费 2 847 859
追加海防经费 600 687
南洋军舰维持费 500 000
新疆塞防 3 500 000
勇饷 18 608 770
总军费 30 057 316
—
中国财政支出 75 645 408

陆军军事费 14 635
海军军事费 9 133
临时军事费 0
总军费 23 768
—
日本财政支出 76 734

1893 光绪19年 明治26年

北洋8舰维持费 4 000 000
海防经费 2 847 859
追加海防经费 600 687
南洋军舰维持费 500 000
新疆塞防 3 500 000
勇饷 18 608 770
总军费 30 057 316
—
中国财政支出 73 433 329

陆军军事费 14 721
海军军事费 8 101
临时军事费 10
总军费 22 832
—
日本财政支出 84 581

1894 光绪20年 明治27年

北洋8舰维持费 4 000 000
海防经费 2 512 335
追加海防经费 828 300
南洋军舰维持费 500 000
新疆塞防 3 500 000
勇饷 18 704 238
总军费 30 044 873
—
中国财政支出 80 275 700

陆军军事费 10 409
海军军事费 10 253
临时军事费 107 765
总军费 128 427
—
日本财政支出 78 128

● 于是，山县有朋彻底调整军备政策。1882 年 12 月，日本政府通过了《8 年扩军计划》，总额近 6 000 万日元，计划将陆军扩张一倍，海军新增 48 艘各类舰艇。该计划让日本军费比例有所增加，军费比例从 17%（1882 年）一下子上涨到 23%（1883 年），且在 1887 年以后都维持在 28% 以上。

● 而中国一方呢？19 世纪 80~90 年代，清朝整体军费比例一直维持在 40% 左右，还高出日本 10 个百分点。当然其中有新疆塞防经费、南洋水师维护费，但北洋水师明显占据主流，"勇饷"更是为淮军维护了庞大的陆军建制。

● 可以看到，日本将国土延伸到琉球群岛，降低了中国方面的安全感，中国被迫在朝鲜愈加用力，反而让日本陷入更大的不安之中，地缘局势更加复杂：1884 年甲申政变、1886 年长崎事件相继爆发，日本连续两次吃了大亏。

● 虽然 1885 年中日双方暂时和解，但身旁有着一个庞然大物，日本自然不能放松。为了对付定远、镇远两舰，日本特地设计了三艘巡洋舰，速度快、炮口粗，分别以日本三大景观松岛、严岛、桥立命名，统称"三景舰"。

● 三景舰吨位很小（4 200 吨），为了安装巨炮而卸去大量装甲，属于防护巡洋舰类型。事实上甲午战争的著名日舰如浪速、秋津洲、吉野都属于这一类别。在当时的海军思维中，铁甲舰对攻是解决问题的主流，像日本这样不做铁甲舰，专收防护巡洋舰，有点匪夷所思。

● 日本固然财政匮乏，但若是将三景舰的费用用于制造一两艘铁甲舰，问题也不算太大。应该说，日本开发三景舰这类"反定远舰"，或许更多是一种防御思路。

● 这个不难理解。北洋水师毕竟纸面实力更强，打起来不排除他们来进攻日本本土。一旦清军袭击日本，那日本可以祭出炮台代替铁甲舰，这时候再搭配机动性强、射速快的巡洋舰，必能保得国门不失。但真去了远海作战，三景舰却不一定占优：黄海海战中，三景舰主炮仅有一发炮弹命中镇远。

● 尽管在军备上，日本并未占据绝对优势。但从 19 世纪 70 年代开始占据优势的征韩论，到日本吞并琉球，再到 80 年代日本的扩军，以及山县有朋内阁上台后提出"主权线"和"利益线"，并在第一届国会上基本形成了日本的大陆政策，日本逐渐展开其扩张之路。

● 甲午战争的爆发，最终成为了两国实力的检验场。

战前中日陆军枪支对比

	连发与否		初速度（m/s）	最大射程（m）	口径（mm）
清军	多发	✷	440 ----→	1 600	11
	多发	✸	489 ----→	1 900	8
日军	单发	✦	437/435 ----→	1 800	11

特集·ZHI JAPAN.

富国強兵
ふ こく きょう へい

- ●振兴一个国家，好像都需要一个不错的口号。
- ●"富国强兵"一词，原本是中国春秋战国时代的政策。日本明治维新之后，为尽快赶超欧美，"富国强兵"一度成为新政府大力宣扬的口号与目标。其后甲午战争及日俄战争的爆发，也与日本迫切渴望加入列强行列直接相关。
- ●"富国"的具体举措，如殖产兴业政策，是为积极强化本国产业；"强兵"，则主要表现为实施军制改革及"征兵制"，努力扩充军事力量。

特集·甲午海战，再认识

特集・甲午海战，再认识

06

战前
战前清、日、朝三国大事记

清国、日本、朝鲜
通往甲午战争之路

清国、日本、朝鲜
日清戦争へ至る道のり

刘子丹、袁蒙 / edit

☐ 因鸦片战争而备受列强蚕食，一边加强对朝鲜干涉的清国。
☐ 因欧美列强带来的危机感而实行明治维新，想要带动起东亚各国的日本。
☐ 没有选择活用金玉均等改革派人才，结束内乱且关闭了走向独立之路的朝鲜。
☐ 在各国纷乱与思惑的交错中，于1894年迎来了甲午战争。

1868
日本确立新政府，国书被朝鲜拒收

○ 朝鲜兴宣大院君

● 1868年12月，刚成立不久的明治维新政府，为了将日本已焕然一新的体制通告天下，派遣当时的对马藩家老樋口铁四郎一行人出使朝鲜。然而，朝鲜拒绝接受日本发去的国书。当时的朝鲜高宗年龄过小，实际上政权由大院君执掌。大院君认为明治维新政府的国书与江户幕府国书格式相异，且国书中使用了"皇上""奉敕"等词，属于"僭越"行为，这些词只有宗主国大清才能使用，他们无法接受如此傲慢无礼的文书。不过，这些词在幕府政权的国书中也曾被用到，因此，朝鲜拒绝和明治政府建交，其实还有更深层次的理由。一方面，当时的朝鲜依旧锁国，不愿扩大贸易范围；另一方面，朝鲜对于当年丰臣秀吉的侵略仍心有余悸。而丰臣秀吉之后的江户幕府在二百五十多年间都没有向外发起过侵略扩张，明治政权推翻幕府，朝鲜也自然会对这个新生的政府有所怀疑。

1873 日本爆发"明治六年政变"、朝鲜确立闵氏政权

● 当时的朝鲜，政权掌握在推崇复古强权政治的大院君手中，他们把开放国门、追求近代化的日本称作"假洋夷"，并对其进行侮蔑。而日本民众认为，若是继续纵容这般无礼行为，迟早也会遭到他国的蔑视，"征韩论"的呼声开始兴起。明治维新后，日本新政府继承了这种论调。加上国书多次遭到朝鲜拒绝，朝日关系十分紧张。围绕着征韩时机这一问题，政府内部分为两派：一派是主张"缓征"的岩仓具视、大久保利通、木户孝允；另一派是主张"急征"的西乡隆盛、板垣退助、副岛种臣。1873年，岩仓具视使节团归国后，两派发生了激烈争执，天皇裁定以大久保利通为首的"缓征"派胜出。

● 大院君摄政期间，对内大力强化专制主义中央集权，对外厉行锁国政策。这损害了一些儒林士大夫和地方门阀的利益。闵妃与大院君之间的矛盾积蓄已久，她联合外戚形成政治集团，准备推翻大院君的统治。1873年，闵妃借机鼓动高宗亲政，从大院君手里夺走了政权。高宗生性懦弱，名义上亲政，但实权落入了闵妃手中。闵妃成为了朝鲜之后二十多年的实际统治者。

◊ 大久保利通

◊ 岩仓使节团

◊ 西乡隆盛

○ 江华岛之图

1875 江华岛事件，叩开朝鲜大门

● 该事件在朝鲜被称为"云扬号事件"。1875年4月15日，明治政府派军舰"云扬号"驶到朝鲜沿海进行示威。5月25日，在海军少佐井上良馨的指挥下，"云扬号"侵入朝鲜釜山港。在被东莱府倭学训导玄昔运询问军舰入港理由时，日方回答："为保护日本使臣而来。"东莱府使对此予以抗议，但并无效果。6月12日，"丁卯号"军舰驶入釜山港，与"云扬号"两舰在釜山港内恣意实行军事演习，炮声隆隆，威胁到朝鲜官民。示威后的20日，两艘军舰又离开釜山港继续北上，对朝鲜沿海进行非法测量，并于7月1日拔锚返回长崎。

● 9月19日，"云扬""丁卯""春日丸"三艘日本舰驶入江华湾。20日，"云扬"北上，逼近江华岛草芝镇炮台，使其不得不开炮警告，日军也开始向炮台发起攻击。21日，日军偷袭顶山岛，并于22日攻占了永宗镇。24日，"云扬"等三艘日舰满载战利品撤离江华湾，返回长崎，这便是历史上的"江华岛事件"。

● 1876年1月，日本派士兵和军舰前往江华岛与朝鲜交涉，表面上是要追究"江华岛事件"的责任，实则希望借机打开朝鲜国门。从2月11日至20日，朝日双方进行了四次谈判。闵妃政权不顾各方意见，向日本妥协，决定与日本讲和缔约。26日，朝鲜与日本在江华府演武堂签订了《江华条约》（又称《江华岛条约》或《日朝修好条规》）。该条约严重破坏了朝鲜的主权，外国侵略势力开始侵入朝鲜。

○ 缔结《江华条约》

● 明治政府成立后进行了大刀阔斧的改革，剥夺了封建武士的特权，引起武士不满，小规模叛乱时有发生。1873年，岩仓具视出访欧美回国后，与西乡隆盛为首的一派在"征韩""征台""库页岛"等问题上的矛盾不断升级。由于在"征韩"问题上没有成功，西乡隆盛辞职回乡，萨摩藩的士兵们也追随西乡回到了鹿儿岛。西乡隆盛在萨摩藩旧居建立起了"私学校"，希望组建一支强有力的军队再次革命。

● 政府欲查探西乡隆盛与其军队的动向，因此派中原尚雄等人密探鹿儿岛，并打算运走军火，暗杀西乡隆盛，但被"私学校"的学生察觉。1877年1月31日晚，学生袭击了鹿儿岛草牟田陆军火药库，紧接着鹿儿岛市内多处遭到纵火，一片骚乱。当时西乡本人并不在鹿儿岛，了解情况后，虽然知道不是好时机，但因学生陆续被捕，西乡不得不举兵反抗政府。

● 萨军编为七个队，由西乡隆盛统领。2月15日，西乡率领军队向熊本进攻，当时萨军有一万余人，加上来自九州各地的士族共计四万多人。19日天皇下令征讨鹿儿岛叛军。21日至23日萨军在熊本攻略战中受挫，决定分兵包围熊本。在熊本外围，萨军与政府军在植木、木叶一带爆发遭遇战，政府军战败。之后萨军北上，企图控制马关和长崎。而政府军黑田清隆也带领一个旅团从长崎出发，并于日奈久、八代登陆，从背面进攻，萨军腹背受敌。4月14日黑田军冲破了熊本的包围，萨军全线撤退。9月，萨军被政府军队击败，大部分投降，残兵逃回了总部鹿儿岛城山。围城战斗23天，城山终于被攻破，西乡隆盛中弹，由部下别府晋介砍下他的头颅，西南战争结束。

1877
日本西南战争，
西乡隆盛与萨摩藩士兵的逆袭

◊ 西南战争参战警视队

1882 朝鲜壬午兵变,日本驻兵朝鲜

○ 袁世凯

● 1882年7月23日,朝鲜京城五营士兵因连续十三个月没有领到军饷,聚众哗变。宣惠厅遂发放漕米,但米中掺有砂糠,无法食用。士兵与库吏发生冲突,为首的四名士兵被捕,后被斩首。士兵们捣毁了宣惠厅堂上官闵谦镐的府邸,又包围了云岘宫,向云岘君,即兴宣大院君求助。同时,大量普通市民加入了起义队伍,攻打日本公使馆。24日,暴动士兵攻入昌德宫,闵妃逃跑,闵妃政权土崩瓦解。高宗惊慌失措,只好召回兴宣大院君。于是大院君第二次上台掌权摄政,赦免起义士兵和市民。之后废除闵妃执政时的措施,恢复锁国政策。日本趁机出兵朝鲜,闵妃集团派人出使清政府,请求出兵。清政府诱捕大院君,先派人拜访,待大院君回访时,当时的朝鲜帮办大臣袁世凯便立刻将其逮捕。清政府出兵进攻起义士兵营地,把壬午兵变镇压了下去。8月30日,朝日签订了《济物浦条约》,日本获得了在朝鲜的驻兵权。

1884 甲申政变,脱清失败

○ 金玉均

○ 朝鲜高宗李熙

● 19世纪中后期,朝鲜面临内忧外患,一些有志青年受明治维新影响,开始摒弃旧思想、旧制度,探索救国新道路。他们希望借助日本的力量,脱离中国,使朝鲜独立,走上资本主义强国之路。

● 1884年11月,开化党人金玉均等和日本驻朝公使密谋政变。12月4日,朝鲜汉城邮政局落成,当晚同为开化党的邮政局总办洪英植举办宴会款待朝廷大臣。金玉均为首的开化党人在王宫内多次放火,计划暗杀,未果。后又在宫内制造爆炸,挟持了高宗,污蔑清军作乱,向高宗建议请日军来保护,日军借机占领朝鲜王宫。

● 开化党宣布十四条政纲,开始改革。要求朝鲜独立、断绝与清朝宗藩关系、改革内政、改革租税、以才择人等。12月6日,袁世凯率兵赶赴昌德宫,击败开化党人和日本军队,解救了高宗。

● 甲申政变后,日本推卸责任,并迫使朝鲜签订了《汉城条约》,勒索赔款。

1885 缔结《中日天津条约》，甲午战争的伏笔

● 甲申政变后，应朝鲜之请，清军击败开化党人和日军，解救了高宗。日本自觉兵力不敌清朝，于是当下暂时维持和局，伺机另谋大计。1885年2月，日本派伊藤博文出使中国，要挟清政府谈判。4月18日，清政府与日本在天津就朝鲜问题签订《中日天津条约》，又称《天津会议专条》或《朝鲜撤兵条约》。

● 条约议定了两国撤兵日期，两国均勿派员在朝教练等事项。后来，日本利用此条约发动了中日甲午战争。

1894 金玉均遭暗杀、东学党起义

● 甲申政变失败后，金玉均被迫流亡日本，隐姓埋名，辗转于日本各地。朝鲜政府宣布金玉均、洪英植等人为"五凶"，多次与日本交涉，要求引渡金玉均等人，但均遭日本拒绝。在签订《汉城条约》《中日天津条约》之后，日本对朝政策有变，金玉均等人开始受到冷遇。于是他开始与多方交往，并希望与清朝联络，会见李鸿章。1894年3月，金玉均来到中国，在上海东和洋行被朝鲜刺客洪钟宇枪杀。

● 1860年左右，天道教在朝鲜创立。天道教抵制西方文化，为穷困农民争取权益。1892年起，信奉天道教的农民们自发组成军队。1894年在"万石洑水税事件"的激发下，东学党起义爆发了。起义军提出："辅国安民，斥倭斥洋，尽灭权贵。"高宗急忙请求清政府出兵。清政府派出直隶提督叶志超率军奔赴朝鲜，东学党听闻清军已至，不战而溃。日本也借机派兵朝鲜，占领景福宫，成立亲日政府。中日甲午战争期间东学党曾再度起义，最后遭到了日军和朝鲜官军的镇压。东学党起义也成为了中日甲午战争的导火索。

○ 东学党起义

一触即发：丰岛海战五小时

豊島沖海戦 5 時間

一触即発
豊島沖海戦

刘子丹、袁蒙 / edit
刘佩佩 / illustration
日本国立国会图书馆 / picture courtesy

丰岛海战过程

增兵牙山

● 1894 年，中国农历甲午年，朝鲜爆发了"东学党"农民起义。朝鲜政府无力抵挡，请求中国出兵，帮助勘定内乱。清政府深知日本觊觎朝鲜已久，犹豫再三，还是同意出兵。李鸿章派兵两千余人，前往朝鲜镇压"东学党"起义。这一举动跳入了日本的圈套，他们马上借口保护在朝侨民，向朝鲜派兵，占领重要城市，并不断挑起事端。

● 中国军队到达朝鲜后，很快便完成了任务。但朝鲜半岛局势日趋复杂，提督叶志超将军队集中于牙山待命，同时请求国内指示。李鸿章思前想后，最后花重金租赁了三艘英国印度支那汽船公司的商船"高升""爱仁"与"飞鲸"。

● 考虑到地形原因，1894 年 7 月 21 日，"爱仁"已驶离天津。22 日，北洋水师"济远""威远"和"广乙"也从刘公岛出发，开赴牙山，担负登陆场警戒任务。由于装运错误，大量原应送上"高升"的军备马匹被运上了"飞鲸"，因此将错就错，"飞鲸"提前起航。23 日，"高升"载着九百五十多名士兵出发，"操江号"护航。而因为得到特务情报，在同一天，日本联合舰队也悄悄驶离佐世保军港。

● 由于海上大雾，三艘护航舰与运兵船失去了联系，率先于 23 日到达了朝鲜牙山。"爱仁"与"飞鲸"先后抵港。由于战争将至，形势紧迫，所有官兵连夜搬运物资。24 日上午，完成任务的"爱仁"先行返航，战斗力较弱的"威远"被派往仁川搜集情报，寄发电报。"济远"和"广乙"则留在牙山湾，保卫"飞鲸"卸掉物资。而当天下午，"威远"带回消息，日军攻入朝鲜王宫，俘虏国王李熙，建立亲日傀儡政权，战争事实上已经爆发，日方舰队很快即来。方伯谦决定，不顾之前的命令，提前回国。考虑到"威远"为木壳船，战斗力较弱，航速也较慢，因此让"威远"提前离开牙山。而"济远"和"广乙"则留下等待"飞鲸"卸载完毕后离开。

丰岛海战

1894 年 7 月 25 日

4:00　●"济远"和"广乙"起锚返航。

5:30　●"济远"瞭望兵发现了异常,西南方向有几缕煤烟。这正是早在24日就到达这里的日本联合舰队第一游击队的三艘军舰"吉野""浪速"与"秋津洲"。

6:30　●"浪速"的瞭望兵才发现远处丰岛方向有两个黑点。

7:00　●"济远""广乙"到达丰岛附近。中日双方都已发现彼此,且距离越来越近。

●日本会不会违背国际公法,不宣而战?方伯谦站在"济远"上万分焦急。同样焦急的还有对面的日本第一游击队司令官坪井航三,他并不确定目前的北洋水师有多大实力,是否会先声夺人。思考再三,坪井航三下令三艘军舰挂起立即作战的信旗,并以15节的航速纵队向北洋水师驶去。

●而此时,清朝军舰正由北向南行驶,日本军舰则是由南向北开进。丰岛海面南宽北窄,如果日舰行驶到北部的海域作战,狭窄的海道不利于军舰回旋。因此经过反复考虑,日舰决定趁现在与清朝军舰距离较远,先主动转舵向东行驶,等清朝军舰行驶到南方宽阔海域时再转向攻击。

●远处,方伯谦正站在"济远"上。他从发现日舰后就一直在飞桥上紧张地观察着日舰的一举一动。突然发现日舰掉头而去,认为日舰尚没有来挑衅的意思,下令加速航行,离开这是非之地。不料当清朝舰队刚刚行驶出北部狭窄的海域,进入丰岛南侧海面时,日本舰队突然向右180度大回旋,在海面上画出一个大大的半圆,利用其高航速的特点,再一次逼近了,横在了清朝舰队面前。由于日舰火炮都在侧舷,因此这样的位置十分利于日舰攻击。

7:43　●不知是出于有意还是无心,"吉野"放出一发空炮。

7:45　●"吉野"炮声再起,开始攻击"济远",日本不宣而战。

7:45　●在"吉野"开炮7分钟后,"济远"开火进行还击。

7:55　●"秋津洲"加入战斗。1分钟后,"浪速"也进入有利位置开始攻击。在这种敌强我弱且日方不宣而战的情况下,丰岛海战全面爆发。

特集·甲午海战，再认识

- 日方三艘军舰集中火力进攻"济远"。"济远"的主炮都在前甲板和后甲板上，因此两侧的位置是它的射击死角。当日舰行驶到其侧舷时，它的舰首炮和舰尾炮就无法发挥作用了。加上日舰在侧舷配有多门炮位，形势对"济远"极为不利。
- 日舰猛攻"济远"，炮弹甚至打中了司令塔。司令塔内正在指挥军舰的大副沈寿昌被弹片击中头颅。与沈寿昌一同并肩指挥作战的方伯谦身上沾满了沈寿昌的脑浆，大惊失色。
- 这时，在管带林国祥的带领下，一直跟随"济远"的"广乙"舰突然掉转航向，冲向日舰"吉野"，并准备趁机发射鱼雷。"吉野"迅速向左转舵躲避。7时58分，"广乙"进攻"吉野"未果，又逼近"秋津洲"，距其舰尾仅600米，欲发射鱼雷。"秋津洲"暂时顾不上"济远"，开始全力攻击"广乙"。弱小的"广乙"很快被击中。
- 海面上硝烟笼罩，日舰已无法用信号旗互相联络，于是"秋津洲"拉响汽笛，通报位置，很快"浪速"也加入了对"广乙"的进攻。"广乙"坚持奋战，逼近到距"浪速"舰尾300至400米的地方。"浪速"发现后，一边向右转舵躲避，一边用左舷炮和尾炮猛击"广乙"。

"广乙"难以支撑，向右转舵躲避。"浪速"追击，"广乙"回击一炮，穿透了"浪速"左舷，由内部穿透后部钢甲板，打断了其备用锚，打碎了锚机。此时的"广乙"已伤痕累累，不堪行驶。于是管带林国祥下令向朝鲜西海岸方向撤退，去牙山与叶志超的陆军会合。而"济远"在这时却打算趁乱逃跑。坪井航三认为"广乙"舰体已毁，因此下令"秋津洲"和"浪速"向"吉野"靠拢，三艘日舰全力追击"济远"。

8:10
- "济远"向"吉野"发射一颗150毫米直径的炮弹，击中"吉野"舰首。

8:10
- "济远"再射出两颗150毫米直径的炮弹，击中"吉野"右舷，击毁数张舢板，贯穿钢甲击碎了一部发电机。但由于炮弹质量较差，其中并无火药，击中后并未爆炸。之后，又一颗150毫米直径的炮弹射向"吉野"，在飞桥附近爆炸，激起巨大水柱，但只击碎了飞桥上存放望远镜的木盒。

8:30
- "济远"向西撤退。此时，西方海面上忽然出现两缕烟柱。坪井航三下令三艘军舰自由移动。"秋津洲"转向追击"广乙"，"吉野"和"浪速"追击"济远"。

8:45
- "浪速"超越"吉野"，猛追"济远"。"济远"举白旗投降。"浪速"继续追击，"济远"又悬挂日本旗投降。此时，"高升"和"操江"闯入战场。"高升"发现"济远"全速西驶，看到上面悬挂的日本旗，误将"济远"当作日舰。

9:00	●"高升"从"浪速"右舷通过,向东驶去。
9:15	●"浪速"发现"高升"驶过,打出旗语:立即停轮。"操江"管带王永发见状,立即转舵向西航行。而"高升"认为日舰不会对英国商船怎么样,于是继续前行。
9:30	●"浪速"打出"停止不动,否则后果自负"的信号。此时,在"浪速"后的"吉野"追了上来,而发现"广乙"已搁浅的"秋津洲"也急速驶来。
9:47	●三艘日舰再次编队:由"浪速"俘虏"高升","吉野"和"秋津洲"分别追击"济远"和"操江"。
9:50	●日本军舰分头行动。而"济远"已经利用这段时间逃离了丰岛海域。
10:00 左右	●"浪速"放下一只小艇,向"高升"开来,海军大尉人见善五郎命令"高升"尾随"浪速"航行。船长高惠悌欲屈服,遭到全船反对。船上的清军官兵将船长看管起来,认为出发时战争并未爆发,要求回到出发港口。
11:30	●"操江"遇到了"济远",以及追随"济远"而来的"吉野"。而"吉野"主要目标为"济远",因此暂不理会"操江"。"秋津洲"跟在"吉野"之后。
12:30	●东乡平八郎下令用信号旗通知"高升"上的欧洲人立刻离船,高惠悌回复信号"我们无法离开"。"浪速"随后发射了11颗炮弹,击沉了"高升"。"高升"上的清朝士兵用步枪进行还击。

特集·甲午海战,再认识

12:38 ● "吉野"追至距"济远"2 800米处,射出6颗炮弹。在此关键时刻,水手王国成奔向舰尾炮位,在另一名水手李仕茂的协助下,向"吉野"连发4炮。第四炮击中"吉野"。

12:43 ● "吉野"停止追击,开始返航。

13:00 ● "浪速"突然向"高升"发射一颗鱼雷,但没有命中。东乡平八郎下令舷侧火炮齐射。

13:46 ● "高升"沉没,"浪速"用小速射炮对着海中漂浮的清朝士兵射击,同时搜救欧洲人。除少数人侥幸逃生外,大部分清军葬身大海。

十八家岛搁浅,管带林国祥下令自焚军舰。逃逸的"济远"则于26日6时回到了威海刘公岛。

26日

6:00 ● 日舰"八重山"押送"操江"上的清朝官兵抵达佐世保港。

13:50 ● "操江"被"秋津洲"追上,王永发下令投降,经丹麦人弥伦斯提醒烧毁了舰上重要文书及密电本。

14:10 ● "秋津洲"完全控制了"操江"。三艘日舰一起押送"操江"离开丰岛海域。
● "广乙"离开战场后,在朝鲜西海岸

ZHI JAPAN.

战前 黄海海战过程

国运之战：
直击!!! 黄海海战

国運を賭けた戦い
黄海海戦の過程

08

□ 1894年9月17日，即平壤陷落的第三天，北洋水师在鸭绿江口大东沟附近的黄海海面与日本联合舰队相遇，展开了一场大规模蒸汽铁甲舰队之间的海战，史称黄海海战，又称大东沟海战。

曹人怡 / edit　日本国立国会图书馆 / picture courtesy
刘佩佩 / illustration

日本联合舰队

- 巡洋舰　吉野、浪速、高千穗、秋津洲、松岛、严岛、桥立、千代田
- 旧式铁甲舰　扶桑、比睿
- 炮舰　赤城
- 武装商船（代用巡洋舰）　西京丸

北洋水师舰队

- 铁甲舰　定远、镇远
- 巡洋舰　来远、经远、致远、靖远、济远、广甲、超勇、扬威、平远、广丙
- 炮舰　镇中、镇南
- 鱼雷艇　福龙、左队一、右队二、右队三

双方对战军舰

战争经过

09.15

● 北洋水师主力在丁汝昌的率领下到达大连湾，护送陆军4 000人搭乘的五艘运兵船。日本海军在大同江外海面集中。

09.16

● 北洋水师抵达鸭绿江口大东沟外，运兵船和鱼雷艇等小型舰只进入大东港内，10艘主力舰在江口外12海里处下锚。
● 北洋水师主力护送增援平壤作战的陆军前往鸭绿江江口大东沟登陆，抵达后，"平远"舰与同队舰船"广丙"舰作为第二梯队，担负警戒任务。

特集・甲午海战，再认识

09.17

08:00 北洋水师提督丁汝昌催促运兵船卸载。旗舰"定远"上挂出龙旗开始返航。

09:00 舰队进行"巳时操"。这是北洋水师每天都要进行的一种舰队常规操练,因在上午九点开始,所以被称作"巳时操"。

10:23 10时23分,联合舰队第一游击队发现北洋水师,发出信号表明已发现敌舰。

10:30 北洋水师镇远舰桅楼上的哨兵发现日本舰队。

11:40 "吉野"挂出一面大型信号旗,向后方舰队通报,发现了中方的鱼雷艇和舰队。

12:05 伊东佑亨下达战斗准备的命令。联合舰队由"吉野""高千穗""秋津洲""浪速"四艘舰船组成第一游击队,由坪井航三指挥作战,第一游击队的舰艇利用其舰龄短、航速高的特点,率先接近北洋水师右侧,同时本队在后,呈单纵阵,接近北洋水师。

12:20 北洋水师在行进中由当前的双纵阵改为楔形横阵,以直插敌之单纵阵,改变阵形耗时15分钟。此时旗舰"定远"位于中央,其余各舰在其左、右依次展开。丁汝昌还发出命令,各船舰应始终以舰首向敌,并在可能的范围内跟随旗舰运动。全舰队以横阵迎战。两国主力舰艇几乎全部集中在鸭绿江口外海,大鹿岛海域。

12:50 双方舰队相距5 300米,北洋水师旗舰"定远"首先开炮。"定远"从右舷一门305毫米主炮中发出一弹,虽横向取准无误,但在纵向上取角偏高,炮弹掠过第一游击队旗舰"吉野"上空,落在距其左舷100米处。联合舰队第一游击队在距北洋水师5 000米处即向左转弯,航向北洋水师右翼,冒险将舰队暴露于北洋水师阵前。"定远"发出归队讯号,距离战场较远的"平远""广丙"以及鱼雷舰一起开往战场支援。

12:53 联合舰队旗舰"松岛"在距离"定远"3 500米处开始发炮还击。"高千穗"在距离"定远"4 500米处开火,"秋津洲"在距离"定远"4 000米处开火。"定远"主桅中弹,信号索具被炮火所毁,正在飞桥上督战的丁汝昌身负重伤。从这时起,北洋水师各舰除跟随"定远"进退之外,几乎已失去指挥。

12:55 联合舰队主队也遭北洋水师各舰打击,"松岛"320毫米口径的主炮旋转装置被炮火所毁。

13:00 第一游击队炮击北洋水师右翼"超勇""扬威"两舰。第一游击队四艘舰船一共装备120毫米口径炮14门、150毫米口径炮20门、260毫米口径炮4门。全力攻击"超勇"与"扬威"。

13:04 "超勇"及"扬威"击中"吉野",引爆了甲板上的弹药,导致"吉野"后甲板发生爆炸。

13:08 "定远"命中"松岛",摧毁其7号炮位。

13:20 "超勇""扬威"两舰受第一游击队集中射击后起火。联合舰队本队中航速较慢的"比睿""扶桑""赤城"三舰成为北洋水师的打击目标,"比睿""赤城"两舰受重伤。

本队右转形成夹击阵势,之后第一游击队又左转跟在本队后面。"定远"开炮命中日本军舰"赤城",舰长坂元八郎太当场毙命。

此时,联合舰队已有两艘舰船丧失了战斗力,但其靠着"比睿"和"赤城"成功吸引了北洋水师几乎全部的火力,从而让联合舰队的两支分舰队从容分开,各自占据有利的作战位置,为夹击北洋水师创造了条件。

14:15 14时15分,"西京丸"上的桦山海军军令部长发信提醒伊东佑亨"比睿"与"赤城"两舰有危险,恰巧"松岛"也发出了"第一击队回航"的信号。按照伊东本意,是让第一游击队右转,从北洋水师的后方向其左翼绕行,但坪井航三误解了此信号的含义,以为是对"西京丸"的回应,错误地下达了全队左转的命令,意图回救"比睿""赤城"两舰。由于第一游击队已经开始左转,海战中每一次调头都是危险的行动,再次调头会使第一游击队陷入困境,但伊东佑亨却不能再按照原计划命令本队左转,否则包围北洋水师的策略将成为泡影。于是他断然决定本队右转,沿着第一游击队原来的航迹前进,绕到了北洋水师后方,同时第一游击队从北洋水师前方驶过,执行本队预定的任务。通过调换本队和第一游击队的角色,伊东佑亨出色地化解了这次意外。当北洋水师的官兵还沉浸在痛击"比睿""赤城"两舰的兴奋中时,他们已被第一游击队和本队夹在中间了。

但正由于有这样的变动,一直隔在北洋水师对面的"西京丸"被暴露在火力下。

ZHI JAPAN.

特集·甲午海战,再认识

特集·甲午海战，再认识

14:20 14时20分，"广丙"发炮击伤日舰"西京丸"。"西京丸"中弹起火退出战场。"福龙"趁机朝它发射两雷，未命中，"福龙"驶至距其舰首40米处又发一雷，"西京丸"原本已无处躲避，不想因距离太近，鱼雷从"西京丸"底穿过，"西京丸"得以侥幸逃离。

14:23 "松岛"等舰船合力聚攻"超勇"。"超勇"向一方倾斜，垂直沉没，"扬威"受重伤，驶离战场搁浅。

14:30 "平远""广丙"两舰互相配合，向"松岛"发起攻击。"广丙"不断向"松岛"发射鱼雷，而防护能力较强的"平远"迅速接近"松岛"，从3 000米处一直战至1 500米处。

14:34 双方距离逐渐接近至2 200米，"松岛"于舰舷侧疯狂攻击"平远"，使其船身出现洞穴，舰内冒出浓烟甚至火焰。而此时"平远"主炮发射的钢弹击中"松岛"，引起爆炸，舰内各室发生猛烈震动，硝烟弥漫，有几名鱼雷兵窒息死亡。"平远"与"广丙"两舰因此暂时退避，不过"平远"在控制住"伤情"之后并未返回主战场，而是与"广丙"等舰船继续追击逃走的日舰，直到海战接近尾声才归队。

15:04 北洋水师旗舰"定远"被"扶桑"发射的一颗240毫米直径的炮弹命中，引起熊熊大火，浓烟弥漫全船。"定远"停止射击，日方开始对其进行围攻。

15:10 "定远"舰首被击穿，导致面向舰首方向的火炮无法瞄准射击。"致远"与"镇远"从两侧驶近，掩护"定远"以配合作战。"平远"上装备的"哈乞开斯"五管小速射炮又接连命中"松岛"的中央鱼雷发射室和桅杆，多名日本鱼雷兵受重伤。

15:20 第一游击队逆时针绕行至"致远"前方，旗舰"吉野"在海上横行无忌，第一游击队的四艘舰船一同向"致远"发起攻击，有四颗榴弹同时命中其水线，引爆了舰首舷边鱼雷发射管里的一枚鱼雷，这一举动激怒了"致远"管带邓世昌。他认为此时正是撞击"吉野"，以死报国的最佳时机。重伤侧倾的"致远"加速冲向"吉野"，却被日本第一游击队的四艘舰船击中，"致远"中弹越来越多，最终沉没，其管带邓世昌落入水中牺牲。据说邓世昌本人落水后，曾拒绝士兵们向他抛去的救生圈，其爱犬也衔着他的手臂不让他溺水，但邓世昌却用力按犬一同入水，誓与舰一同赴死。

"致远"沉没后，"济远"管带方伯谦判断，第一游击队在击沉"致远"后必将攻击位于舰队最左翼的"济远"，万般恐惧之下，他决定让"济远"转舵逃跑，径直驶回旅顺。这一举动让方伯谦在几天之后以临阵脱逃的罪名被正法。"广甲"紧随"济远"撤退，在途中遭遇触礁，北洋水师再也无法保持战斗队形。"松岛"的姐妹舰"严岛"被"平远"击中，"平远"又遭到"松岛"的还击，前主炮被击中，燃起大火无法进行操作。

15:30 "镇远"的大炮第二次击中"松岛"，命中其左方四号副炮炮廓。作战时"松岛"为了保证速射炮的弹药供应，在主甲板下的炮甲板上堆了大量的120毫米直径的速射炮炮弹。"镇远"这一发命中引起了堆积弹药的爆炸，日方死伤近百人，"松岛"失去战斗力，因此撤退，旗舰变更为"严岛"。此时日本联合舰队对北洋水师发动了当天最为猛烈的炮击，但仍然无法击沉"定远""镇远"两舰。联合舰队第一游击队猛追"经远"。

16:10 北洋水师"靖远""来远"两舰受伤并退向大鹿岛。"松岛"发出了"各舰随意移动"的信号。

16:16 "平远"退出战斗，驶向大鹿岛附近的浅水区灭火自救。

17:00 左右 "靖远""来远"两舰虽未能扑灭大火，但经抢修恢复战斗力。"靖远"代替旗舰升起队旗，收拢各舰。

17:30 17时30分，"经远"沉没。联合舰队发出停战信号，海战结束。

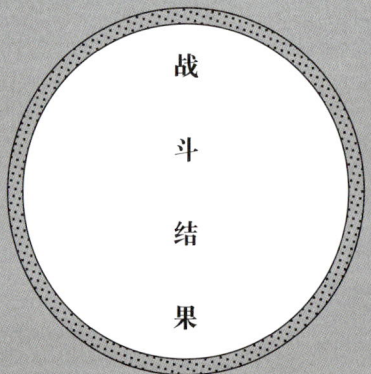

战斗结果

● 北洋水师"致远""经远""超勇"三舰在战斗中沉没，"广甲"在撤退时触礁沉没，"定远""镇远""来远"三舰受创严重。死伤官兵六百余人。

● 日本舰队"松岛""比睿""赤城""西京丸"四舰受创严重。死伤官兵三百余人。

● 黄海海战过后，黄海制海权被日本海军掌握。

特集·ZHI JAPAN.

14:15

15:04

特集·甲午海战，再认识

因何战败？
海战战术解疑

なぜ敗戦、海戦戦術の謎解き

陈悦 / text & picture courtesy
刘子丹 / edit

战前 战术分析

09

— 发生在 125 年前的中日甲午战争，由于是中国历史上第一次涉及近代化海军这一"新潮"事物的战争，以至于现代的中国人在很多时候，还是习惯将"甲午战争"和"甲午海战"画上等号。历史上，甲午海战具体包括 1894 年 7 月 25 日爆发的丰岛海战，以及同年 9 月 17 日爆发的黄海海战。后者战斗时间长、参战舰只多、战况激烈，由此在对甲午海战的关注中，国人又常常把甲午海战和黄海海战画上了等号。众所周知，甲午战争以中国的彻底失败告终，其中最令国人扼腕叹息的，除了马关春帆楼上的一纸降约外，莫过于曾经摘取过亚洲第一桂冠的北洋水师的全军覆没。

— 甲午战争时代，曾在威海、烟台地区进行过采访的英国记者克宁汉，后来在关于甲午的新闻报道中曾评述到，任何一个真正了解北洋水师的人，都不会将当时中国的陆军与其相提并论。对此，克宁汉还举了一个雄辩的证据，即日本军队认为在这场战争中，他们在陆地上根本没有遇到过对手，只有在海上才遇到了真正的敌手。

— 既然北洋水师是中国当时最近代化的军队，又曾顽强作战赢得了对手的尊敬，究竟是什么原因失掉了战局？自甲午战争结束以来，围绕北洋水师为什么失败，尤其是为什么在黄海海战中失利，国人进行过无数的探讨、争吵。其中不乏有关腐败、军纪涣散等似是而非的道德层面的评论，而实实在在的战场细节，尤其是战术，变得更引人注意。

黄海海战似一场对赌

● 战术，就是围绕战斗而生的方法。具体到一场海战，最先出现在人们面前的战术问题，就是战斗双方舰队的阵形选择。

● 现代人习惯性地认为，黄海海战时，中国北洋水师和日本联合舰队都是根据敌方的情形而选择了自身阵形。实际上，这是一个完全错误的观点。

● 1894 年 9 月 17 日，从大连湾方向朝大东沟航行的日本联合舰队，在上午 10 时 20 分发现了东北方海面上的几丛煤烟。逐渐接近，远处的煤烟越来越多，遂判断是北洋水师，进而在 11 时 40 分之后将原有的分组航行队形，变化为纵队阵形。而北洋水师的瞭望兵则到了 12 时左右才在望远镜中发现了西南方的煤烟，判断是日本联合舰队，提督丁汝昌下令全舰队开航迎战，同时将双列纵队的队形调整为横队阵形。

● 鲜为人注意的是，即使到了北洋水师发现日舰、开始调整阵形时，中日双方的

舰队间距仍然超过30千米以上。这意味着,无论日本联合舰队与北洋水师选择何种阵形,他们所见到的敌军,只不过是远方海平线上的煤烟而已,他们并不清楚此时对方摆出的阵形。犹如小朋友们喜欢玩的"包袱、剪子、锤"游戏,黄海海战爆发前,中日双方的阵形选择更像是一种对赌,而并没有特别的针对性。

● 此外,这种对赌式的阵形选择上,其实无论是北洋水师的丁汝昌,还是联合舰队的伊东佑亨,都没有选择的余地。即丁汝昌只能选择横队,伊东佑亨也注定只能选择纵队。这种笃定性,是由两支海军的装备衍生出的战术思想导致的。

○ 黄海海战爆发前"西京丸"一名军官拍摄的战场照片,片中右侧几艘舰影清晰的军舰是日本军舰,远处烟雾下模模糊糊的是北洋水师军舰。这张照片拍摄时双方的间距为10千米左右,而双方开始变阵时的间距在30千米以上。

● 不同于一些国人的既有印象。北洋水师所选的横队阵形,在19世纪90年代前的世界海军学术领域,实际是一种本着"进攻、进攻、再进攻"原则的"战斗至上"阵形,推崇积极主动的战斗精神。

● 这种阵形的产生,并非偶然。

● 19世纪初叶,世界海军发展进入蒸汽动力时代,此后伴随着舰船动力从明轮到暗轮,蒸汽机越发成熟可靠,火炮也随着冶金和兵器工业技术的发展,由前膛到后膛,口径越造越大,相对的弹丸威力也较以往不可同日而语。风帆时代的军舰习惯于在两舷布置数量众多的火炮,而随着大口径火炮的出现,时人认为一门口径足

军舰设计与战术

够大的火炮,其威力肯定远胜大量的小炮。加之炮塔的诞生,意味着只需要几门大口径火炮,就可以朝向几乎任意方向射击。于是在19世纪50年代左右,减少舰上火炮的数量,只装备几门在炮塔或炮台内可以旋转的大口径火炮,就成了军舰设计的主流样式。

● 然而在缺乏先进火控技术的年代,火炮命中率低、射速慢,加之当时的炮弹威力不足以靠一两次命中就摧毁目标,在实战运用中发现,很难在短时间内光靠火炮来击沉敌舰。与其等火炮慢吞吞地射击,

○ 北洋水师的主力舰"定远"虽然声名赫赫，实际舰上的中口径以上火炮仅有6门，由于火炮射速低，在短时间里很难对敌方舰船造成重大打击。

祈祷能够命中远方的敌舰，还不如直接冲上前去，用军舰舰首锋利的撞角将对手开膛破肚来得爽利。

● 这样的理念在1866年爆发的意奥利萨海战中得到运用。当时排列成横队、每艘军舰都将舰首对敌的奥地利舰队冲向成纵队的意大利舰队，发起犹如白刃战般的混战。纵队在横队冲击下溃不成军，同时相比起火炮，撞角的破坏效果显得直接和猛烈得多，意大利海军的旗舰"意大利号"就倒在了奥地利军舰的撞击中。

● 由此，作为蒸汽军舰出现以来第一次大规模的海战实践，利萨海战的战例确定了之后数十年间海军战术的标准样式，进而影响到了军舰的设计。那就是，海军作战时应以舰首对敌，追求的不是和对方的火炮对战，而是期待冲进敌阵，进行近距离的厮杀。从1875年开始筹建，到1887年军舰采买告一段落的北洋水师，其军舰大都是服从于这一战术思想的产物，以主力舰"定远"和"镇远"为例，只有舰首朝向前方时才能完全发挥全部主炮的火力，同时，舰首锋利的撞角，也让敌方胆寒。北洋水师聘用的英籍总教习琅威理在任期间，除了严格执行各种技术装备操作的训练外，在海军战术方面，只是反复让北洋水师演练横队阵形和乱战战术。其要义是，只有这种战术才和北洋水师的装备情况匹配，无论遇到何种情况，都应用横队来应对。

● 大海另一侧的日本联合舰队，情形恰好和北洋水师相反。早期日本海军的军舰采买，同样也受横队、舰首对敌思想影响。然而就在19世纪90年代到来时，即北洋水师因为清政府户部的严令停止对外购买新装备的时候，日本海军开始受到法国海军"年轻学派"思想的影响，战术思想开始发生偏转。

● 日本海军的战术思想变化，是以装备技术的发展为前提的。19世纪90年代，一分钟能够发射十发以上的速射舰炮出现，高威力的黄色炸药也开始尝试填装炮弹。由此意味着，军舰在单位时间内所发射的炮弹数量会远远超过以前，命中概率将更高，而且弹药的爆炸威力更大，依靠炮战已经具有在短时间内摧毁对方的可能性。这一时期，速射炮大行其道，无论是主力舰，还是巡洋舰一类的辅助军舰，都在舷侧密集安装大量的速射炮。为了能够让舷侧的火炮充分发挥火力，可以令每一艘军舰都有机会将舷侧炮完全朝向对方射击的纵队战术开始回归。

● 受邀执教日本海军大学的英国海军战术专家英格尔斯，将以炮战为主要手段的纵队战术灌输给日本海军，要求不管遇到何种情况，都应以纵队对付之。在英格尔斯看来，纵队不仅能够发挥舷侧炮火的威力，同时相对横队阵形，编队难度要低得多，更便于掌握和运用。甲午海战爆发前，为了让舰长们更熟悉纵队的编队方法，日本海军甚至组织各舰舰长分乘小舢板，用小舢板在海上模拟编队。

● 现代国人常常因北洋水师于黄海海战的失利，而质疑北洋水师的阵形选择有问题。实则，火炮数量少、发射速度慢、炮弹威力弱的北洋水师，必然选择适合发挥撞角、乱战战术的横队；火炮数量多、发

日本军舰"严岛"炮房内的情景，密布在舷侧的速射炮是当时日本军舰的杀手锏之一，也是日本海军选择纵队阵形的技术背景。

射速度快、炮弹威力大的联合舰队，则必然选择适合发挥炮战战术的纵队。这种选择不取决于双方统帅、将领的好恶和智慧，而是由双方舰队的技术背景注定。

● 最终，北洋水师在黄海海战失利的技术原因就变得显而易见。北洋水师好比是持着冷兵器的敢死队，面对拿着机枪、据守战壕的日军，必须在最短的时间内冒着弹雨冲过双方间的空地，冲进日军的战壕，扬长避短，进行白刃厮杀。可是，北洋水师的舰只老旧、航速低，难以在短时间内靠近联合舰队，加上日本联合舰队很多新式军舰的航速高，凭借着高航速的优势，刻意进行规避机动，保持和北洋水师的间距，甚至绕道夹击。以至于北洋水师一直未能冲进日军阵中，始终处于暴露在机枪口下的悲惨位置，被迫进行自己根本不占优势的火炮对射，最后还陷入被腹背夹击的逆境中。

● 在此，如果回忆一下黄海战场上的邓世昌和"致远"舰，他们最后的冲锋就更容易理解了。海战进行了三个多小时，非但没能冲乱日军阵形、进入近距离的捉对厮杀，反而陷入重围。一艘艘友舰都在进行着无奈且无效的被动还击，这时候，高挂龙旗的"致远"冲出阵列，实际是一种召唤，召唤战友们鼓足勇气，再进行一次冲锋尝试。之后，"致远"因为伤重，倒在冲锋的路途中，北洋水师不久也因"济远"等舰的溃逃，阵形彻底崩溃。

● 任何一种战术，都有其出现的技术背景，在其自身的技术背景下，肯定都是最优的选择。然而过时的最优和当下的最优对决厮杀，失败一方的命运实际已经不是战场上的军人自己能够掌握的了。

特集·甲午海战，再认识

特集·甲午海战，再认识

10

龙旗 VS 旭日
军舰的海上棋局

龍旗 VS 旭日
軍艦の海上碁盤

战前 军舰

曹人怡 / edit
方禾、顾伟欣 / illustration
陈悦 / cooperation

清方 定远

排水量：7 220 吨
主尺度（长、宽、吃水，下同）：94.5×18×6 米
2 门 30 厘米口径主炮
航速：14.5 节＊

＊节为轮船航行速度的单位，1 节表示 1 海里 / 小时
＝ 1.852 千米 / 小时，下同

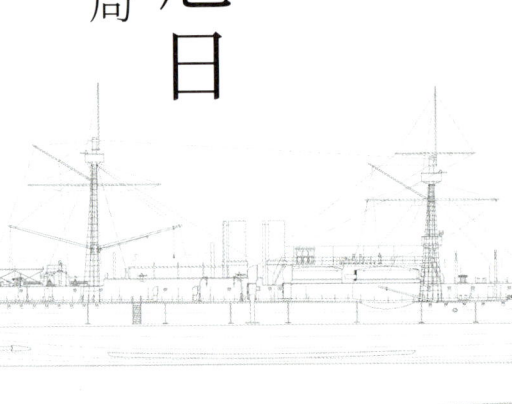

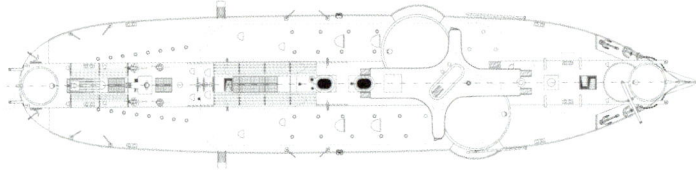

清方 镇远

排水量：7 220 吨
主尺度：94.5×18×6 米
2 门 30 厘米口径主炮
航速：15.4 节

● "定远"与"镇远"号舰船，合称为"定远级"铁甲舰，是中国海军史上第一级近现代意义的主战军舰。铁甲舰有别于木质风帆战舰，拥有装甲和蒸汽动力，具备强大的攻击力。

● 1877 年，中国驻英公使郭嵩焘应邀参加日本在英订购铁甲舰"扶桑"的下水仪式。这对中国海军来说是极大的刺激。中国购买铁甲舰的事项终于在 1880 年提上日程。几经挑选，最后决定由位于德国坦特伯雷度的伏尔铿造船厂统一建造，新的铁甲舰基本采用了德国海军主力舰"萨克森"的设计，并加入英国"英弗来息白"军舰的长处和中国工程技术的创新思想。军舰首尾各有一对飞龙纹，采用皇帝专用的五爪龙纹。"定远号"和"镇远号"舰尾的双龙戏珠纹上，镶嵌了自己的名字，这也是两艘军舰外观上唯一的区别。

- "定远"和"镇远"原本预定在1884年完工交货。但1883年年底中法战争爆发，德国作为中立国，据国际惯例暂停交货。直到1885年中法签订和约，德国才履约付货。"定远"及"镇远"由德国水兵驾驶，于10月抵达天津大沽。
- 1888年10月，清政府下旨颁布《北洋水师章程》，12月17日，北洋水师在威海刘公岛宣告正式建军，"定远级"军舰的首舰"定远号"被制定为海军旗舰，成为海军提督的督船。此后"定远"和"镇远"作为中国海军实力的象征，每年都要率军巡弋。然而从1890年起，受光绪帝大婚、户部停购外国船炮等影响，中国海军因经费问题，长期缺乏保养，弹药短缺，发展受到了很大阻碍。
- 1894年甲午海战爆发，两艘"定远级"铁甲舰虽样式落后，舰龄老化，但在抵御外敌上依然起到了关键作用。黄海海战失败后，两艘铁甲舰进入旅顺进行紧急修理，但因战争时期修理工人大量逃难，导致修理效率低下，直到旅顺陷落也未能彻底修复。
- 随着战局恶化，为了防止"定远"落入日军手中，当时的"定远号"舰长刘步蟾下令点火自爆，并追随"定远"以身殉国。为了纪念甲午战争，2005年山东威海港建起了一艘"定远号"纪念舰，作为展出甲午时期资料的水上博物馆。
- "镇远"则在日军攻占刘公岛后被编

入日本舰队，还参与了日俄战争。之后于1911年退役，被当成试验新式武器的对象。1912年在横滨解体。

排水量：2 150吨
主尺度：59.99×12.19×4.19米
1门26厘米口径主炮
航速：10.5节

- 鸦片战争失利后，朝廷高官们就如何建设海军、如何获取新型海防武器等问题做出了激烈的争论。当时出现了"购舰"和"造舰"两派，其中"造舰"一派认为，虽然自主制造舰船初期耗资巨大，但可以积累技术经验，锻炼中国造船人才，还能有效避免西方列强借出售军舰来要挟等不利局面。1866年，经左宗棠上书，清朝政府很快批准了奏请，选定在福州城郊的马尾兴建造船厂，取名"福州船政局"，由

此正式开始了军舰制造工作。
- 1885年，福州船政局的留法学生魏瀚提出，建议仿照三艘法国军舰，制造小型

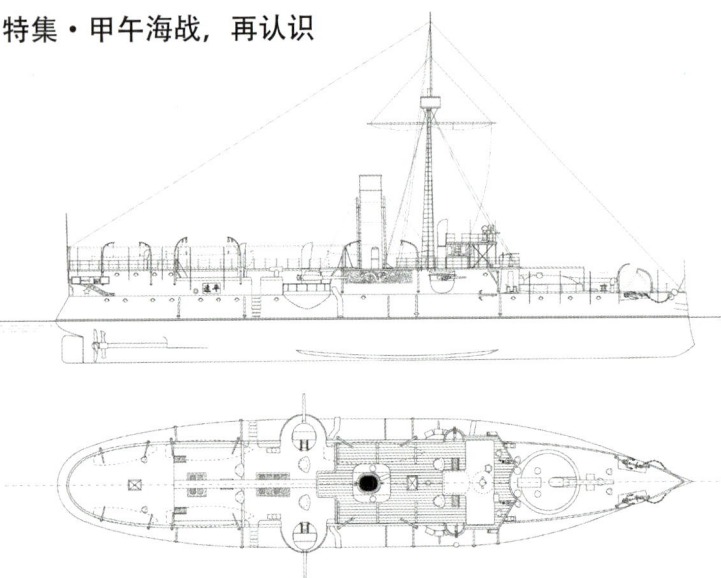

铁甲舰。这种小型铁甲舰比"定远级"铁甲舰吨位小、吃水浅,马力也较低,因此方便驾驶。1886年春,魏瀚受命前往法国,购买造船所需的建材。同年12月,建造工作全面展开。经过一年多时间,中国第一艘舰船于1888年首次下水,又经过一年的舾装工程,在1889年基本完工。这艘中国自主制造的铁甲舰也有了一个极具中国特色的名字——"龙威"。

● 虽然"龙威"由于经验不足等原因,试行期间发生了不少故障,但经过多次修整,并重新安装了照明设施,最终在1890年正式编入北洋水师,加入到中国海防第一线。"龙威"也根据北洋水师的命名规则,更名为"平远"。

● 从外观上看,"平远"最显眼的特征便是单桅杆、单烟囱。"平远"将烟囱设计在了桅杆之后,这样桅盘里的瞭望手也不必担心受到黑烟的侵袭。

● 黄海海战时期,原本并不在第一阵容的"平远",尽管进入战场时间较短,却取得了骄人的成绩,多次击中日方"松岛"和"严岛"。1895年,"平远"又参加了威海保卫战,不久北洋水师覆没,"平远"被编入日本舰队,列为一级炮舰。1904年9月,"平远"在东渤海铁岛附近巡弋,傍晚遇到暴风雨,与其他船只失去联系。之后碰到俄军布置的水雷,引发大爆炸,最后沉入大海。

清方 济远

排水量:2 300 吨
主尺度:71.93×10.36×5.18 米
1 门 21 厘米口径主炮
航速:16.5 节

● 巡洋舰有着铁甲舰无法比拟的速度,在海军作战上也开始崭露头角。这类军舰常常负责保护海外殖民地,有时还负责警戒、侦察,或者伴随、辅佐铁甲舰。巡洋舰还有许多独特之处:火炮装备以数量取胜,不追求大口径。1881年,中国海关驻伦敦办事处主任金登干,从英国舰船设计师伦道尔那里获得了一种全新的巡洋舰设计方案,这种新型巡洋舰叫作"穹甲巡洋舰"。

● 新型的"穹甲巡洋舰"将平面的装甲甲板改成中部隆起、两边坡度下垂的穹面甲板,这样由于中央部分较高,即使水线处破损进水,也很难迅速淹没中间隆起的部分,军舰由此还能保持一定的浮力,不至于很快沉没。

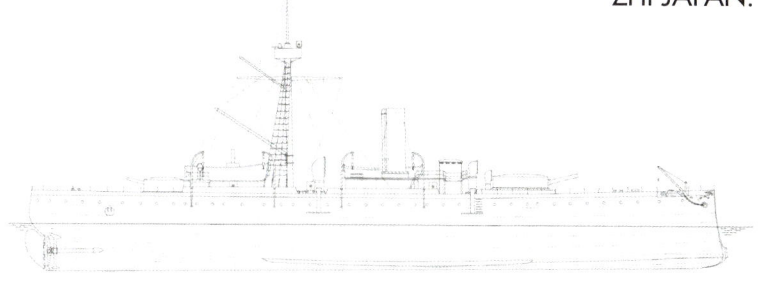

- 1882年，正在德国紧锣密鼓地制造"定远"和"镇远"两舰，李鸿章出于经费的考量，将原定再购买两艘"定远级"铁甲舰的计划改为购买两艘改良式巡洋舰，同样选择了德国的造船厂生产。1884年，穹甲巡洋舰建造完成，李鸿章给它取名为"济远"。
- "济远级"军舰最特别的地方，便是它拥有厚度达10厘米的穹甲甲板，加强了防护效果。1885年，"济远"终于抵达天津大沽口，成为北洋水师的一分子。方伯谦成为"济远"的首位管带。
- "济远"的第一次作战是在1894年7月，方伯谦作为队长率"济远""广乙""威远"护卫运兵船，突然被告知有日军接近。7月15日清晨，"济远""广乙""威远"三艘舰船在丰岛与日方"吉野""速浪""秋津洲"相遇，丰岛海战就此打响。
- 面对三艘实力强劲的敌方军舰，指挥"济远"的方伯谦并没有选择殊死一战，而是挂上白旗速速撤去，导致这场战斗中毫无武装的"高升号"被日军击沉，上千士兵为国捐躯。
- 然而由于时局紧张，方伯谦举白旗一事尚未得到处理，"济远"就投入到了接下来的战斗当中。在激烈的黄海海战中，面对"致远号"无畏的勇撞敌舰至伤亡惨重，方伯谦竟又一次调转舰首，以"舰船漏水"这样粗劣的谎言选择逃离战场。最终，方伯谦由于此事被判处死罪，"济远"交给原"广乙"管带林国祥指挥。1895年威海卫一战后，"济远"被日军俘获，编入日本舰队，其后参与了日俄战争。1904年在旅顺口触雷沉没。

 清方 致远

排水量：2 300 吨
主尺度：76.2×11.58×4.57 米
3门21厘米口径主炮
航速：18节

- "致远"是一艘英式穹甲巡洋舰，防护设计上体现了许多典型的英国设计思路。军舰采用双层底，即使遇上搁浅或触礁等状况，仍然不会下沉。中层由穹甲甲板防护，两舷设有煤仓，作战时堆满煤炭，起抵御弹药的防护作用。同时，为了获得更高的航速，设计师还引入了先进的强压通风设计，因此"致远"虽然吨位较小，却成为北洋水师中航速最高的大型军舰。同时，它在防护和武器上都很有攻击力。说到"致远"，一定会想起邓世昌，他可以说是近代中国海军的精神象征。黄海海战中，由邓世昌作为管带的"致远"一直积极配合旗舰"定远"作战，"致远"

特集・甲午海战，再认识

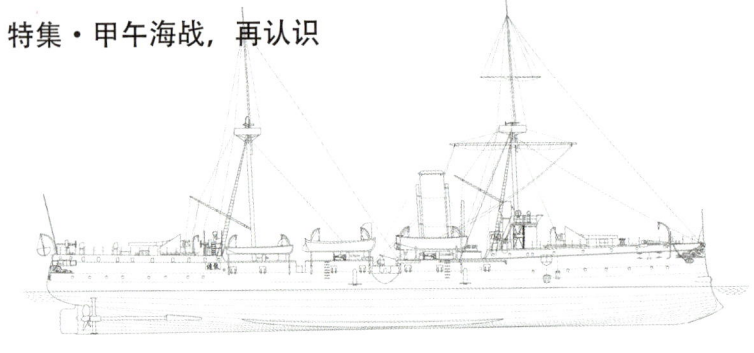

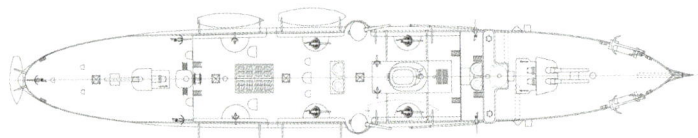

排水量：2 900 吨
主尺度：82.4×11.99×5.11 米
2 门 21 厘米口径主炮
航速：16 节

以自己的船身抵挡炮弹以保护"定远"。在掩护"定远"的过程中，"致远"的弹药很快用尽，同时不断被敌军的炮弹所击中，船身很快开始倾斜。邓世昌认为同归于尽的撞击是"致远"所能完成的最后工作，便指挥燃烧着大火的"致远"加速冲向日方第一游击队主力舰"吉野"，舰上最后的弹药也密集地向"吉野"施展最后的威力。"致远"最终沉没，管带邓世昌也壮烈牺牲。

● 1884 年爆发的中法海战中，福州船政水师损失最重，参战军舰一共 11 艘，最终沉没 9 艘，重伤 2 艘，几乎可以说是全军覆没。在这种惨败的刺激之下，中国又一次掀起了海军建设的热潮。"经远"就是清政府向德国定制"济远"之后的又一件订单。由于"济远"在建造过程中受到了很多有关设计、性能上的诟病，所以再次订购时，负责人徐景澄要求德方弥补这些缺陷，如升高穹甲、增加储煤仓、扩大轮机舱等。德方根据这些要求提交了一种新式巡洋舰方案，最后造出了"经远"。

● "经远"属于装甲巡洋舰。相比穹甲巡洋舰，装甲巡洋舰虽然成本较高，航速略慢，但具有较强的生存防御力。"经远"作为德国自行建造的第一艘装甲巡洋舰，综合了德国军舰"萨克森"和"威斯帕"的设计元素，又改良了"济远"在设计上一些不令人满意的问题。军舰中部还仿照了"定远"的设计，用"竖甲"四面围成一个"铁甲堡"，将炮台上的弹药舱、蒸汽机等重要部位都藏在"铁甲堡"内防护。"铁甲堡"前后和军舰首尾处还安装了一段穹甲甲板，解决了一旦水线处中弹进水，穹甲就会完全被水淹没的弊端。

● 根据李鸿章的指示，徐景澄与德国签订了购买两艘"经远级"装甲巡洋舰的合同，取名为"经远"和"来远"，于 1887 年竣工。同年 11 月被归于北洋水师，成为新一代的一线主力巡洋舰。

● 黄海海战中,"经远"首次参战,和"致远"结成姐妹舰,互相掩护协助。"致远"沉没后,"经远"孤军奋战遭到重创,被迫撤往浅水区自救。追击而来的日本舰队随即对"经远"展开攻击,管带林永升不幸中弹身亡。"经远"最终也由于无法承受日本舰队的集中围攻,舰体进水导致沉没。

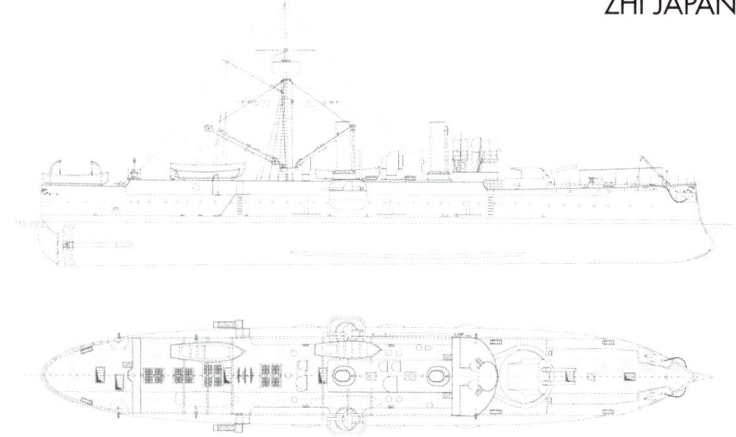

排水量: 1 380 吨
主尺度: 64×9.75×4.57 米
2 门 10 厘米口径主炮
航速: 16 节

排水量: 1 380 吨
主尺度: 64×9.75×4.57 米
2 门 10 厘米口径主炮
航速: 16 节

● 近代最初的巡洋舰还留着很多风帆时代的印记,属于探索时代的产物。后来随着炮弹、舰船技术的不断发展,新式"超勇级"巡洋舰诞生了。

● "超勇级"巡洋舰由近代著名火药商——英国阿姆斯特朗公司设计制造,经中国海关驻伦敦办事处主任金登干的推荐,李鸿章于1879年正式向阿姆斯特朗公司定制了两艘新型撞击巡洋舰。新型巡洋舰的主要特征是其主炮设置在军舰首尾,强调了舰首火力的重要性。

● 因为自身生存力较为薄弱,作战的主要手段又是撞击术,所以"超勇级"军舰在外形设计上,特意将舰体设计得简洁低矮,让敌方难以瞄准,十分独特。但由于该舰干舷极低,高速行驶时很容易被海水淹没,所以"超勇"的首尾和主甲板也不作为士兵作战区域,司令塔也独具特色地

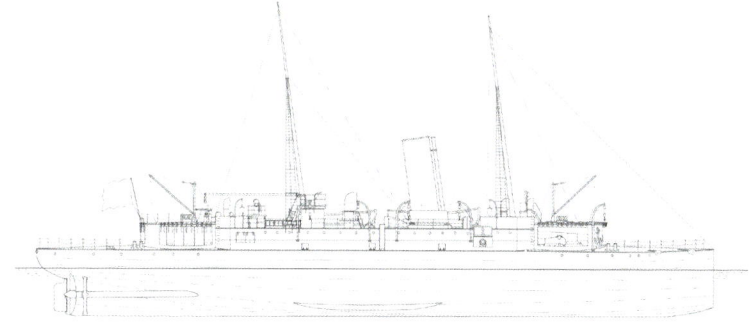

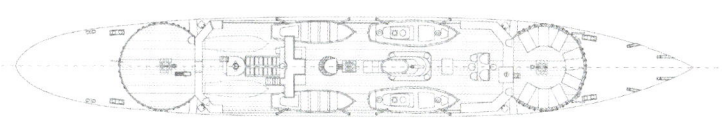

设在了前主炮塔后部和烟囱后部两处。"超勇级"撞击巡洋舰拥有当时最新的概念。虽然有很多不足之处,但其开辟了一个新的舰船类别,甚至对英国以后的舰船造型产生了一定影响。虽然黄海海战中"超勇"和"扬威"表现不佳,但这和它们当时已超过十年的舰龄且北洋水师并没有在保养上下功夫有很大的关系。

排水量：1 296 吨

主尺度：67.36×10.06×3.77 米

2 门 15 厘米口径主炮

航速：14.2 节

● "广甲"原属广东水师的舰船。1885年福州船政局收到了两广总督张之洞的信函，专门询问了订造军舰的事宜，张之洞认为福州船政局造船价格相对低廉，造好后也不需漂洋过海耗时接收，决定拜托福州船政局制造多艘舰船。同时这笔订单对福州船政局的发展也提供了很大的资金支持，当时的船政大臣为了对广东水师表达诚意与谢意，特别将一艘已经建造完成的巡洋舰提前交给广东水师使用，这就是后来的"广甲"巡洋舰。

● "广甲"的主要特征是三根桅杆，首尾两根为铁制，中部为木质。这种设计是为了能在必要时挂上风帆，节约煤炭的使用量。不过也由于舰前设置了桅杆，"广甲"无法在舰首的甲板上装备炮台，而是在前桅设置突出的耳台来放置主炮。

● 1893 年，"广甲"北上参加南北洋操会，由于当时中日摩擦已经初现端倪，为了增强最有机会和日军直接照面的北洋水师的兵力，以"广甲"为首的三艘广东水师的舰船被留在了北洋水师，用于巡逻和掩护陆军，以及侦查日本军队的动向。黄海海战时，"广甲"正式参与战斗，与"济远"组成姐妹舰，部署在阵形的左端。然而战斗时"济远"竟不顾全局脱队逃跑，"广甲"也紧跟其后选择撤退，致使北洋水师的左翼彻底崩溃，落得惨败收场。而"广甲"在撤退时不慎触礁搁浅，来不及修理，被迫弃舰，最终被日军彻底击毁。

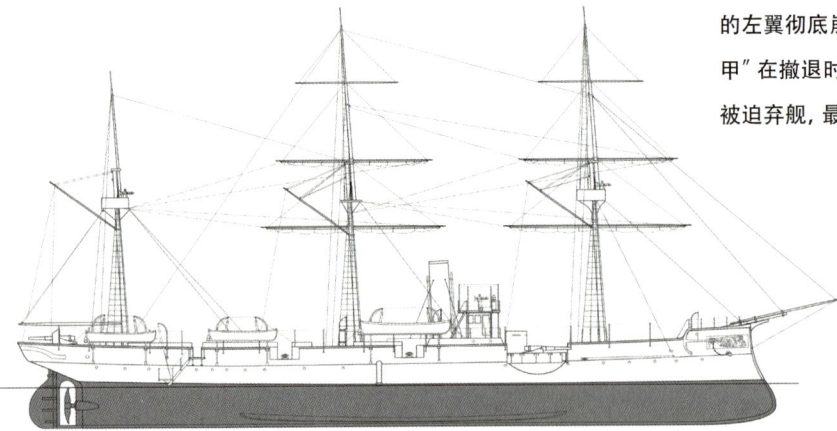

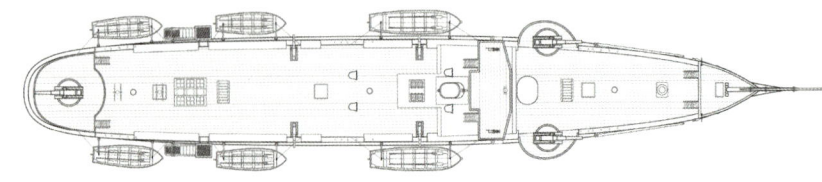

日方 松岛

排水量：4 278 吨

主尺度：89.9×15.59×6.4 米

1 门 32 厘米口径主炮

航速：16 节

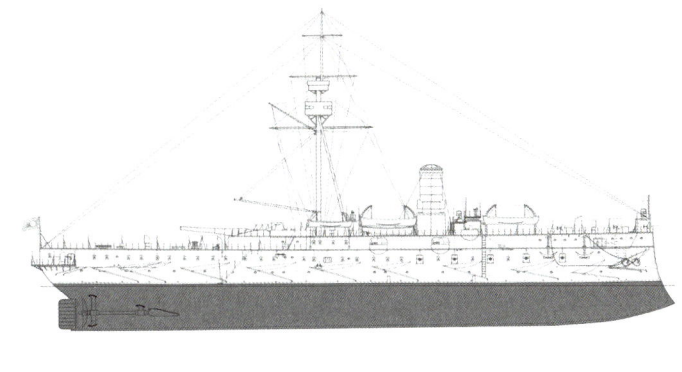

日方 严岛

排水量：4 217 吨

主尺度：89.9×15.6×6.4 米

1 门 32 厘米口径主炮

航速：16 节

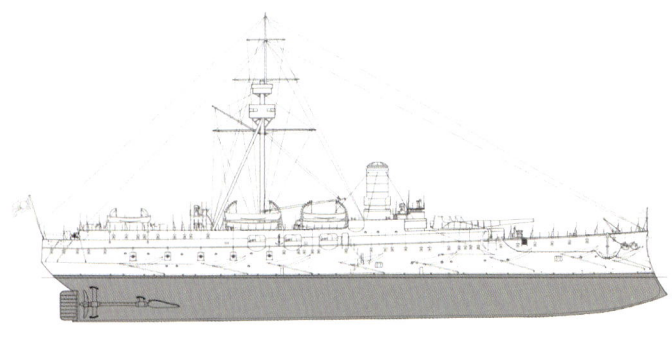

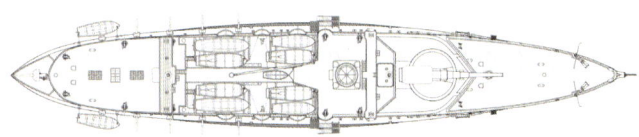

● 1877 年，日本在英订购铁甲舰"扶桑"，此举刺激了中国的海军建设，因此有了"定远"和"镇远"两艘铁甲舰。当这两艘巨舰建成回到中国后，威风八面的"定远"和"镇远"又大大刺激了日本海军，日本海军也开始研究，到底如何才能打败"定远级"铁甲舰。

● 日本海军为此不断协调筹款，制定了《对清第一期军备扩张案》，决定制造专门对付这两艘大型铁甲舰的新型舰船。确定好方案后，他们开始寻找合适的主力舰设计师，最后将目光锁定在法国海军舰艇设计师白劳易身上。白劳易在法国相当有名气，法国海军第一艘防护巡洋舰"施佛克斯号"就是由他设计的。

● 根据《对清第一期军备扩张案》上的策略，日方原计划建造四艘舰船。白劳易设想将每两艘组成一个战斗分队，用来对付一艘"定远级"军舰。不过由于种种原因，前三艘的建造工程于 1887 年率先

排水量：4 278 吨

主尺度：89.9×15.6×6.4 米

1 门 32 厘米口径主炮

航速：16 节

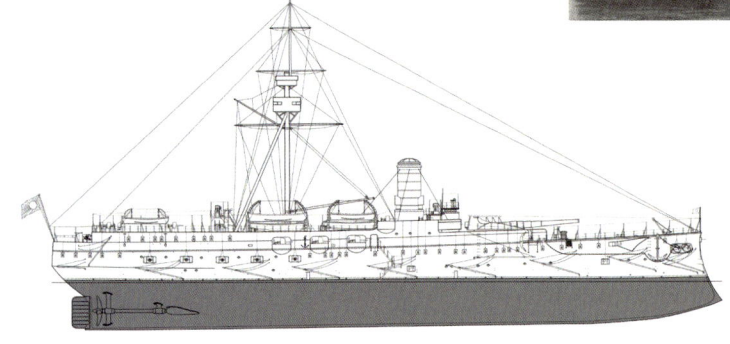

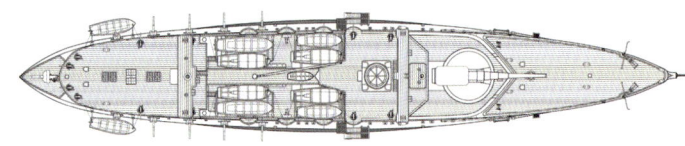

启动，并将三舰以著名的"日本三景"——宫城县仙台湾的松岛、广岛县广岛湾西南的严岛神社，以及京都府宫津湾的天桥立命名，称作"松岛""严岛""桥立"，这就是后人所熟知的"三景舰"。

● 三景舰舰壳内倾的设计有着浓郁的法式风格，其独特的形状可以减少船身在行驶时出现摇摆的情况，同时也能减轻舰体上部的重量，加快航行速度。"严岛"和"桥立"互为姊妹舰，造型基本相同，最初设计"严岛"时，在舰首两舷悬挂主锚的后方各开有一个炮窗，里面安设了一门 47 毫米口径的速射炮。可是由于受到主锚的遮蔽，这两门炮只能向侧方射击。之后建造的"桥立"舰便吸取了教训，在此处设计了一个楔形凹陷，改善了速射炮的射界，这一设计也成为区分"严岛"和"桥立"这对姊妹舰的一大特征。"严岛"和"桥立"的主炮安置在舰首，而"松岛"则将它的主炮安置在了舰尾，同时为了保证前向火力，又在"松岛"的舰首下方左右两边安装了一门速射炮。三景舰在主甲板之下也设有一层炮甲板，或称为炮房，炮房内靠近舰体中后部，左右舷各安装了 5 门速射炮。

● "严岛"和"桥立"的主炮之后是一座装甲司令塔，司令塔之上是一座横跨两舷的露天舰桥。露天舰桥后是一座烟囱，烟囱之后是一根高高的钢制三脚桅，白劳易独特的设计在于将桅杆设计为中空结构，这样可以改善舰内的通风。三景舰的防护甲板采用了当时流行的穹甲，保护着轮机舱和锅炉舱等重要部位。穹甲与甲板相连处用煤层保护。在防护甲板与上层甲板之间的空间内，细分为大量的防水隔断，是典型的法式间接防护系统。

● 三景舰中的"松岛"在东学党起义中率先登场。另一方面，新近服役的"桥立"于 7 月 4 日在横须贺加入常备舰队。在吴港修理锅炉的"严岛"于 7 月 8 日加入常备舰队。

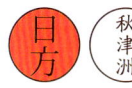 秋津洲

排水量：3 100 吨

主尺度：91.7×13.14×5.32 米

4 门 15 厘米口径主炮

航速：19 节

● "秋津洲"舰原本是同三景舰一起，归类在专门牵制"定远"舰的四艘舰船之一，然而由于种种原因，"秋津洲"舰的建造被迫中止。几经周折，最终改为由英国设计、日本横须贺海军造船厂自主开工建造，"秋津洲"也因此成为了日本建造的第一艘钢制巡洋舰。1894 年建造成型后，"秋津洲"正式编入日本海军。在甲午海战时期参加了丰岛海战、黄海海战和威海卫之战。1898 年 3 月 21 日被列为二等巡洋舰。1912 年 8 月 28 日被列为二等海防舰。1921 年 4 月 30 日成为潜水艇母舰。1927 年报废。

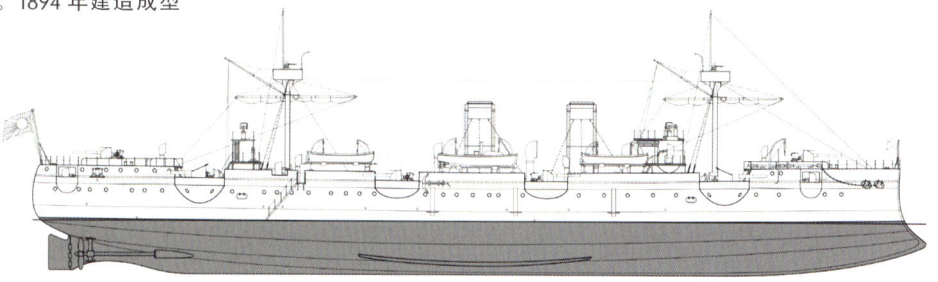

  吉野

排水量：4 150 吨

主尺度：109.73×14.17×5.18 米

4 门 15 厘米口径主炮

航速：23 节

● "吉野号"是 1893 年建造完成的新锐穹甲巡洋舰，由英国著名舰船设计师瓦茨根据英国阿姆斯特朗公司所设计制作的穹甲巡洋舰改良而成。舰身设计采用了首尾楼船型的样式，干舷较高，外形修长优美，同时为了前后交通方便，还在首尾楼之间特别设计了一条纵跨整个主甲板的高架通道，相互连接，方便走动。

● 作为一艘大型军舰，"吉野"舰的长度超过了当时中国体形最大的"定远级"铁甲舰，同时也是当时世界上航速最快的水面军舰。"吉野"舰上还配置了当时刚研制成功的专用火炮测距仪，所以其在火炮的瞄准、测距上也更加准确和迅速，使

特集·甲午海战，再认识

得战斗力又提升了一个层次。

● 由于"吉野"的性能装备都十分先进，制造费用也相当巨大。仅凭日本政府的收入，根本无法支付费用过于之巨的"吉野号"。为此，天皇想尽一切办法呼吁大家筹集资金购买"吉野"，做出了自己一日只吃一餐的宣言，皇太后也发表声明，愿意为了购买"吉野"而捐出自己的首饰。

皇室的做法激起了民众的民族自尊，使得民众纷纷踊跃赠款，甚至还有商人在民间发起了"'吉野号'募捐会"。半年后，"吉野"终于漂洋过海来到了日本的港口。
"吉野"舰在黄海海战中作为日军的旗舰出战，击沉了"致远"舰，重创"超勇"和"扬威"二舰。最终在日俄战争时期于黄海被"春日号"装甲巡洋舰撞沉。

 浪速

排水量：3 709 吨
主尺度：91.4×14.1×5.8 米
2 门 26 厘米口径主炮
航速：18 节

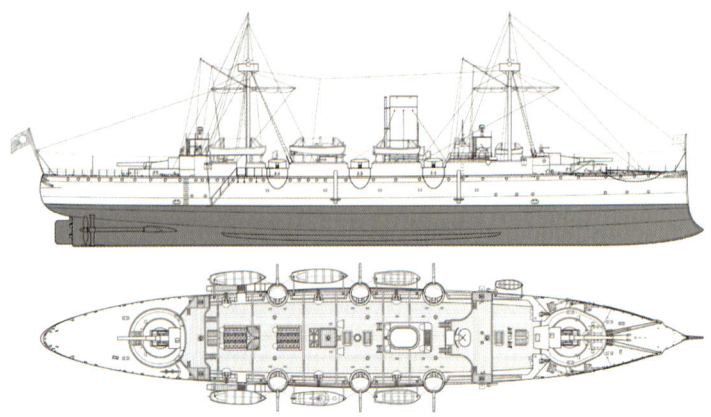

● "浪速"取自大阪的旧称，也是一艘出自英国阿姆斯特朗船厂的舰船，"浪速"与同级别的姊妹舰"高千穗"基本在同期开工，1886 年建造完成。其后被编入日本海军，伊东佑亨与东乡平八郎都曾担任过该舰的舰长。

● "浪速"在主炮的炮侧做了很大的改进，加装了电动击发装置。以前"速浪"在发射炮弹时，需要人牵拉，这样造成了一定的时间延迟，在实战中非常影响火炮的命中率。在"浪速"舰的主炮上加装电动击发装置，一定程度上能保障舰炮的命中效果，也相应提升了火炮的射速，成为了"浪速"的秘密武器。

● "浪速"在甲午战争中参与了丰岛海战，击沉中国运兵船"高升号"，随后参战黄海海战，其所在的第一游击队合力击沉了北洋水师的"超勇"舰，重创"扬威"，稍后又联合击沉了"经远"舰。

● 1912 年，"浪速"舰在前往北海道途中，行至千岛群岛的得抚岛海域时，触礁沉没。1912 年，该舰被除籍。

ZHI JAPAN.

ニコライ2世
せ

- 1891年,其时仍为俄国皇太子的尼古拉二世访问日本。当他造访大津时,突遭警备津田三藏袭击。所幸尼古拉太子仅负轻伤,未危及性命。然而,此事件令日方大为紧张,天皇亲自向尼古拉太子致歉,神社、寺院、教会纷纷为皇太子祷告祈愿,甚至有名女子拔刀自杀,以死谢罪。举国上下,人心惶惶,生怕日俄关系因此破裂,俄国借机发动战争。当时的俄国对日本来说,的确是空前可怕的威胁。
- 此事件触动了日本的敏感神经,令其更积极地扩充军备、进行产业改革。
- "大津事件"中遇刺的尼古拉太子继承皇帝之位后,也参与了甲午战争后俄、德、法的"三国干涉还辽"。

特集·甲午海战,再认识

特集・甲午海战，再认识

枪林弹雨的来处

砲煙弾雨の源

戦前 军备

曹人怡 / edit
宗泽亚 / cooperation

11

　火炮和步枪是陆军作战时的两大基本武器。甲午战争前后恰逢步枪发展换代的时期，各种新式步枪纷纷问世。早在甲午战争之前，清朝军队就从英国、德国、法国和美国等先进枪械制造国家购买了许多枪炮装备。到了19世纪60年代，在洋务运动的驱动下，中国的制造厂参照从别国购置的枪炮，开始仿制生产自己的武器装备。

01 德国制 克式 7.5 厘米 重野炮

◯ 清国陆军作战中使用的主要火炮，射程 5 000 米，炮架可载炮弹车，备弹 24 发，可发射 4 种炮弹。有时根据作战环境，可变换采用马拉式或人力式来牵引炮身。

02 德国制 克式 12 厘米 加农炮

◯ 海防炮台所装备的对舰火炮，炮架下配置 4 个铁轮，能够灵活地做环形移动，还可 360 度旋转，以调整射击角度。

03 德国制 克式15厘米加农炮

海防作战时使用的主要火炮,有舰炮和海防炮两种炮型,口径14.9厘米,炮管长522厘米,炮重9.93吨。发弹初速530米每秒,射速每分钟1弹,射距11 000米。

04 德国制 8厘米穹窑炮

穹窑指弓形的藏穴,能依靠坚固的岸壁工事来隐藏炮身,方便打击海上目标。清军在大连、旅顺、刘公岛等要塞都建有坚固的海防洞窟,窑内配置多种穹窑炮。

05 德国制 15厘米克式臼炮

该炮弹体积较大,能够呈高抛物线发射炮弹,由此越过障碍物后攻击目标。

06 英国制 30厘米阿姆斯特朗海防加农炮

清军拥有的最大级别的海防巨炮,主要安置在要塞的炮台。射程可达到10 000米,炮弹速度可达到360米每秒,具有能够穿透钢甲的威力。

07 英国制 15厘米阿姆斯特朗海防加农炮

海防作战时炮台上的主要装备之一,由英国著名弹药公司"阿姆斯特朗"制造,其后江南制造局也以此为模板仿造制作。

特集·甲午海战，再认识

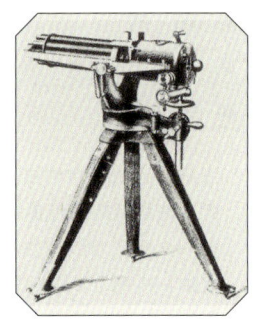

08 美国制 加特林机关炮

◊ 发射炮弹的方法为不断摇动手柄，以驱动枪管轴心发射，在陆军作战和舰船上都可装备使用。1881年，金陵机器制造局成功将其仿造。

09 三脚架式 加特林机关炮

◊ 与车载式机关炮类似，也采用手摇式发炮。

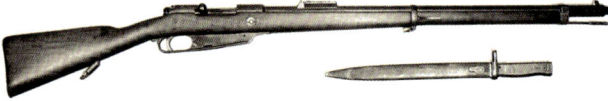

10 德国制 毛瑟（Mauser）单连发骑步枪

◊ 口径 7.9mm，枪长 1.1 米，重约 3.9 千克。

11 英国制 恩菲尔德（Enfield）单发步枪

◊ 口径 14.7mm，枪长 1.3 米，重约 3.9 千克。

12 英国制 士乃德（Snider）单发步枪

◊ 口径 14.7mm，枪长 1.3 米，重约 3.9 千克。

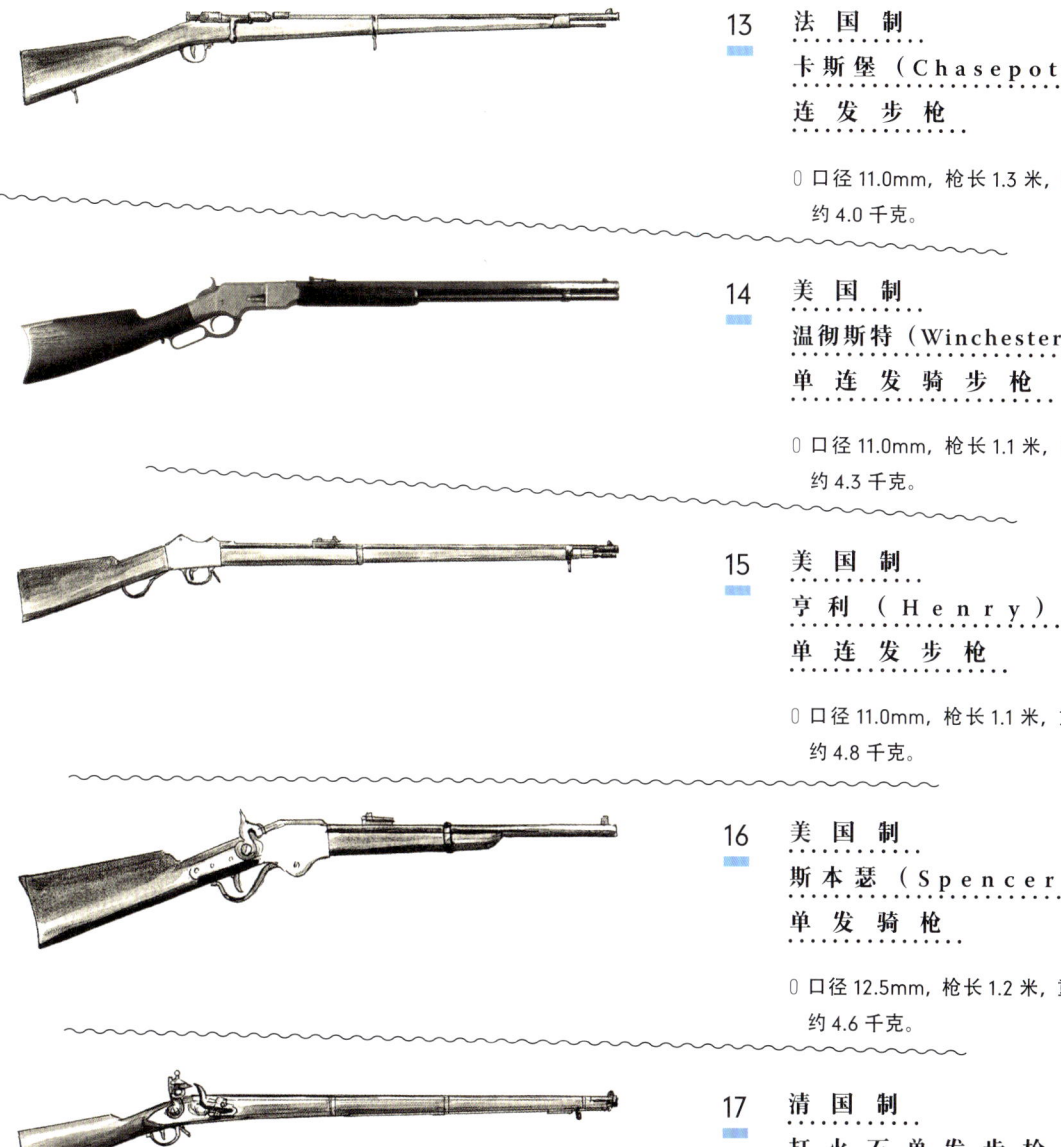

13 法国制
卡斯堡（Chasepot）
连发步枪

0 口径 11.0mm，枪长 1.3 米，重约 4.0 千克。

14 美国制
温彻斯特（Winchester）
单连发骑步枪

0 口径 11.0mm，枪长 1.1 米，重约 4.3 千克。

15 美国制
亨利（Henry）
单连发步枪

0 口径 11.0mm，枪长 1.1 米，重约 4.8 千克。

16 美国制
斯本瑟（Spencer）
单发骑枪

0 口径 12.5mm，枪长 1.2 米，重约 4.6 千克。

17 清国制
打火石单发步枪

0 口径 12.5mm，枪长 1.2 米，重约 4.6 千克。

日本陆军使用的枪支，最初也多是从欧美兵器强国进口的武器，型号多且杂，实际性能也并没有比清军高级。1885 年后，陆军中佐村田经芳陆续对进口步枪进行了改进，制成村田式系列的步枪骑枪，基本统一了日军作战时使用的枪械。

18 日 本 制
7 厘 米 野 炮

◊ 建造材料为青铜和钢材,炮车重 690 千克,炮弹速度可达 422 米每秒,最大射程可达 5 000 米,是当时日军火力最强的机动炮械。

19 日 本 制
7 厘 米 山 炮

◊ 青铜材质。炮弹速度可达 255 米每秒,最大射程可达 3 000 米。因适应山地机动作战,是日军的主战炮。

20 日 本 制
12 厘 米 加 农 炮

◊ 最大射程可达 7 000 米,1887 年开始装备在各个要塞炮台处。

21 日 本 制
19 厘 米 海 防 型 加 农 炮

◊ 最大射程可达 7 000 米,装备于各个要塞炮台。

22 日 本 制
24 厘 米 海 防 型 加 农 炮

◊ 最大射程可达 9 000 米,大炮可做 360 度外圆运动,方便调整攻击方向。同时还装备了吊臂填弹装置,可将巨型炮弹装入炮膛。

23 日本制 仿意大利28厘米榴弹炮

◊ 部署在海岸处向海上敌舰攻击，主要在日俄战争中发挥作用。

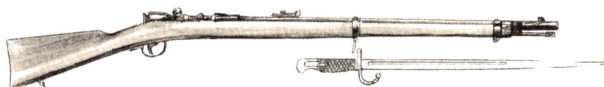

24 日本制 村田13年式单发步枪

◊ 由陆军中佐村田经芳设计改造，口径11.0mm，枪长1.3米，重约4.6千克，射程可达1 800米。

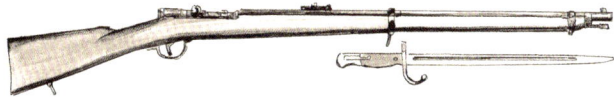

25 日本制 村田18年式单发步枪

◊ 口径11.0mm，枪长1.3米，重约4.6千克，射程可达1 800米。

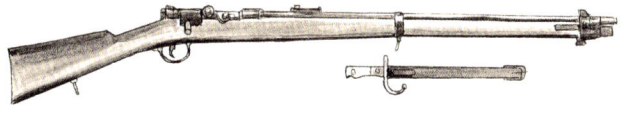

26 日本制 村田22年式8发步枪

◊ 口径8.0mm，枪长1.2米，重约4.0千克，射程可达2 000米。

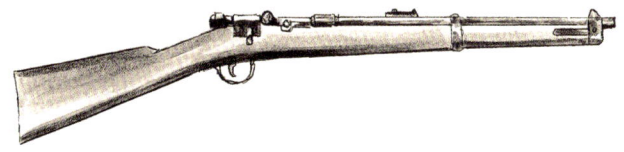

27 日本制 村田22年式5发骑步枪

◊ 口径8.0mm，枪长0.96米，重约3.7千克。

28 日本制 1893年制式转轮手枪

◊ 以法国MAS 173式手枪为原型设计仿造，口径9.0mm，有效射程达100米，总共可装弹6发。

* 图片出处：《清日战争》，宗泽亚著，后浪出版公司。

特集・甲午海战，再认识

周晓宇 / edit　张艺 / interview　吴海事历史科学馆 / cooperation

甲午海魂
北洋水师与明治舰队的备战角逐

甲午海魂
北洋海軍と明治艦隊の軍備競走

战前 海军建设

12

中日甲午战争在日本被称为"日清战争"，这场战争在日本被提及的程度远不如10年后的日俄一战，但这并不代表其不重要。正相反，日本在此战之前所做的军事准备，加之战后通过条约获得的利益，为其立国之战——日俄战争的胜利埋下重要伏笔。或许从海战建设中，我们就能隐约看到甲午战果的先兆。

清朝海军建设

1861
- 这一年标志着洋务运动的开始。洋务派官员以"师夷长技以制夷"为口号，掀起了轰轰烈烈的西式工业化运动。洋务运动与清朝的海军建设关系紧密，我们甚至可以称水师建成就是这一运动的直接成果。1月11日，恭亲王奕䜣上奏《通筹夷务全局酌拟章程六条》，明确提出了"富国强兵"的目标。

1865
- 恭亲王上奏四年，清朝海军建设的速度却不紧不慢，此时李鸿章创办的江南机器制造总局、曾国藩设立的安庆内军械所都已经开工，只是不计成本的官办生产模式，让这些军火工厂难以保持利润以扩大规模。而次年，洋务派的另一位代表人物左宗棠也奏请建设了福州船政局，由沈葆桢执掌船政局事务，甚至聘请法国人监督生产。

1866
- 船政大臣沈葆桢在福州马尾开设了船政学堂，不仅聘用外国教习教授航海和造船知识，还选拔优秀毕业生派往西方深造，北洋水师中不少高级将领就毕业于这所学校。船政学堂实现了近代中国多个突破，它不仅是近代中国首家海军及航海学院，也是首家现代军事学院和首家现代专业院校。

◊ 恭亲王奕䜣

◊ 1870年拍摄的福州船政局外观

1871

- 这一年12月,琉球一船遭遇台风,辗转在台湾登陆,却与土著爆发冲突。按说此事是清朝内务,在当时也多有发生。然而日本却以有国民在冲突中遇害为由,要"问罪岛人"。在和清政府谈判过程中,抓住"化外之民""听凭贵国办理"一句,要出兵攻打所谓"无主之地"台湾。只是在英美等国反对下,最终日本方面不得不终止行动。

1874

- 日本政府要求罢兵,但时任"蕃地事务局都督"的陆军中将西乡从道(西乡隆盛之弟)却咽不下这口气,这年5月,他"下克上"率领士兵乘两艘军舰从长崎出发,进军台湾。清朝方面则是派船政大臣沈葆桢率船队进行交涉。最终清日双方签订了《北京专约》,其中承认日本出兵台湾是"保民义举",导致日本日后以此为由,咬定琉球是日本属地,次年便吞并琉球。通过这次事件,洋务派清楚认识到了清朝海防的薄弱之处,总理衙门随即提出"练兵、简器、造船、筹饷、用人、持久"六项应对之策,同时原江苏巡抚丁日昌也提出《拟海洋水师》章程,建议在沿海建立三洋水师。由此,清朝终于开始集中精力进行海军建设。

1875

- 这一年,清政府任命李鸿章和沈葆桢为北洋和南洋大臣,分别督办水师,此时沈葆桢考虑到"分之则难免实力薄而成功缓",提议以北洋为重点,实力发展后再分出三洋水师。在这一规划中,北洋水师负责守卫京师,覆盖直隶、山东及以北之黄海,南洋水师负责山东以南以及长江以外的东海,福建水师则负责福建及南海。

1880

- 洋务运动伊始,恭亲王奕䜣就提出了购置外国船炮的建议。除了购买新式武器和枪炮以外,军舰也是清朝的目标。清朝的军舰主要进口自德英两国,尤以德国为多。特使李凤苞和参赞徐建寅于1880年考察伏尔铿造船厂,由此订购了两艘7 000吨级的铁甲舰"定远号"和"镇远号",号称"远东巨舰",它们也成为近代中国海军史上最有名的铁甲舰。

1885

- 这一年,驻英公使向英国订购了"致远"舰和"靖远"舰,前者是北洋水师中速度最快的主力战舰。次年,驻德公使向德国订购了"经远"舰和"来远"舰。再加上此前向德国订购的"济远"舰和清朝自造的"平远"舰,北洋水师8艘以"远"命名的主力战舰全部建成。

1888

- 这一年,北洋水师在山东威海卫刘公岛正式成立,在当时是亚洲第一、世界第八,威力不容小觑。然而户部所拨军费遭到滥用,北洋水师成立后一直到甲午年中日开战之前,清朝海军建设没有再添置新舰。武器装备也甚少更新。

○ 沈葆桢

○ 西乡从道率军进攻台湾,在石门战役后留影,图中坐者为西乡本人

○ 德国伏尔铿造船厂旧貌

○ 1885年的"定远"铁甲舰

○ 北洋水师"致远"舰

○ 甲午开战之前靠港的"镇远"舰

○ 北洋水师"济远"舰

○ 安装在北洋水师舰船上的武器,图中可见英式阿姆斯特朗主炮和美式诺典费尔德机关炮

日本海军建设

佐久间象山

留洋时期的胜海舟在美国留影

1842

- 日本的海防建设始于幕府时期，鸦片战争中清朝的狼狈遭遇令日本人开始关注海防对国家安全的重要性。这一年，佐久间象山上书《海防八策》为幕府所采纳，学生胜麟太郎也受其影响，开始学习西洋兵法，并在江户开办"兰学"（即借助幕府锁国期间唯一能接触的国家荷兰学习西方知识）。胜麟太郎以胜海舟之名享誉于世，这一字号源自佐久间象山授予他的"海舟书屋"篆刻。后来，他成为明治政府的第一任海军卿（即后来的海军大臣）。

1853

- 这年7月，美国东印度舰队司令佩里率四艘军舰来到日本，向德川幕府提出开国通商要求，史称"黑船来航"。据佩里的回忆录记载，当时有来者登舰，请求随船环游世界，开阔眼界，由此感叹日本前途美好，此人就是维新志士吉田松阴，同时也是佐久间象山的学生。

黑船来航

1855

- 这一年，幕府聘请荷兰教官，在长崎创办"长崎海军传习所"，这是日本近代第一所海军教育机构。当时包括幕府和各藩在内共200名学生在这里学习，科目不仅仅包括操舰，还涵盖了造船、医学、语言、物理、化学等。由于遭遇财政经费困难，这个"传习所"于1859年停办，但其培养的学生中不乏胜海舟、榎本武扬等日本海军建设的重要人物。

吉田松阴

海军兵学校学生馆（现在是海上自卫队干部候补生学校）

1862

- 胜海舟留洋归国，在神户建立了"神户海军操练所"，"操练所"建设的目的不仅仅停留于幕府海军建设，胜海舟的目光甚至放远到建设"日本海军"，最终因幕府担心其权力过大而遭免职。然而，在这一段经历中，胜海舟结识了倒幕派志士坂本龙马，也培养出了日后的外务大臣陆奥宗光和联合舰队司令长官伊东佑亨。胜海舟本人被称为"日本海军之父"。

1869

- 为了响应这一年兵部省创立海军军官培训学校的方针，明治政府建立了"海军操练所"，次年改称"海军兵学寮"，随后又在1876年改称"海军兵学校"。这所学校在日本军事史上意义重大，"二战"后停校之前，它与英国不列颠皇家海军学院、美国海军学院并称为世界三大海军官校，培养了上万名毕业生。

长崎海军传习所绘图，由阵内松龄所作

1871

● 岩仓具视率领的使节团从横滨港出发东渡太平洋,访问并在美国停留8个月,随后又辗转游历了英、法、德等欧洲多国,历经近两年时间才回到国内。随同人员包括政府重要高管大久保利通、伊藤博文等。奉行闭关锁国多年的日本使团用"始惊、次醉、终狂"三词形容了这次见闻,而日本海军自此也开始全面学习英国。

△ 1872年岩仓使节团在英国留影,由左至右分别为木户孝允、山口尚芳、岩仓具视、伊藤博文、大久保利通

1873

● "海军兵学寮"聘请了以英国海军少校道格拉斯为首的34名教官,开始采用英式教育,以严酷训练著称,培养了包括山本权兵卫在内的著名军官。

1875

● 西乡从道在台湾一战中痛感日本海军对自造舰需求的重要性,便借助时任海军中将的权力,开始实现日本海军最早的建舰计划。这一年,在海军大辅川村纯义的建议下,日本向英国订购了"扶桑""金刚""比睿"三艘军舰,这三艘军舰采用了当时最先进的机械技术,当年的海军经费也达到352万日元。

△ 初代"扶桑"舰

1883

● 日本正式确立了海军扩充路线,8年的扩张计划总预算达到2 664万日元,坐拥"定远"和"镇远"的清朝海军成为其主要假想敌。当时清朝定制"定远"舰的价格近似于每艘300万日元,这对于日本海军而言过于昂贵,购入能够与之匹敌的战舰并不简单,因此军方最终将目光转向"防护巡洋舰"这一新舰种,并于次年向英国订购了"浪速"和"高千穗"。

△ "浪速"巡洋舰

△ 画家笔下的英国海军少校道格拉斯

1888

● 日本海军此时已经坐拥"扶桑""浪速""高千穗""大和""葛城""武藏"6艘巡洋舰,组成"常备舰队"。但经过1886年"长崎事件"之后,日本海军仍能够清楚感受到定镇二艘"巨无霸"带来的威胁。为了提高战斗力,日本海军于1888年提出"四景舰"计划,以景点命名了"松岛""严岛""桥立"和"秋津洲"4艘装甲巡洋舰,试图在炮数上胜过清朝海军。日本在法国造出了"松岛"和"严岛","桥立"回国制造。至于"秋津洲"则改变设计,成为高速巡洋舰。

△ "三景舰"之"松岛"舰

△ "三景舰"之"严岛"舰

1892

● 这一年,日本向英国阿姆斯特朗船厂订购了防护巡洋舰"吉野号"。作为当时世界上最快、日本海军中最先进的同类战舰,"吉野号"装备的速射炮具备优良性能,速度快,火力猛,在甲午海战中发挥了很大的作用。至此,日本海军建设基本达到要求,完成了甲午战争前的准备工作。

△ "三景舰"之"桥立"舰

△ 停靠于神户港的"秋津洲"舰

资料来源:
1. 户高一成《从海战看甲午战争》(海戦からみた日清戦争)(角川one theme 21, 2011年)
2. 费正清、刘广京《剑桥中国晚清史》(中国社会科学出版社, 2006年)

△ 英国阿姆斯特朗造船厂

特集·甲午海战,再认识

特集·甲午海战，再认识

interview 户高一成

"可以说甲午战争是决定日后日本发展方向的重要战争。"

户高 一成

1948年生于宫崎县。毕业于多摩美术大学，曾任财团法人史料调查会理事，现任厚生劳动省所管"昭和馆"图书情报部部长、吴市海事历史科学馆（大和博物馆）馆长。海军史研究家。著有《从海战看日俄战争》（海戦からみた日露戦争）、《从海战看甲午战争》（海戦からみた日清戦争）、《日本海军为何错 来自海军反省会400小时证言》（日本海軍はなぜ過ったか 海軍反省会四〇〇時間の証言より，与泽地久枝、半藤一利共著）等。

知日 ○ 在开战之前，清朝与日本分别对对方抱有怎样的看法呢？

户高一成 □ 清朝方面如何看待日本我并不是很明确，但是，由于日本强化海军建设，使清朝感到了威胁，并且认为日本与朝鲜签订《江华条约》威胁到了清朝的主权，于是强化了对日政策。朝鲜半岛作为与大陆的连接点，处于清朝的势力之下，日本与朝鲜接触，实际上形成了与清朝的直接接触，一旦爆发武力冲突，清朝的海军便会直接进入日本海活动。

明治初期，日本海军曾一度势力强盛，清朝为了增强海军实力，购买了"定远"和"镇远"等强力战舰。以当时清朝的海军实力，日清开战，清朝则有可能拿下日本海的制海权。而日本则期待在朝鲜拥有势力，并将其作为对抗清朝的缓冲地带。

○ 清朝和日本在当时同时受到了来自西欧各国的侵略威胁。两国非但没有形成联合，反而将对方视作威胁，甚至引发战争的原因是什么？

□ 当时，开国不久的日本正在努力成为一个独立的国家，与清朝联合对抗西洋势力的想法不占优势。虽然李鸿章曾提出在清朝强大后，可与日本联合以对抗西方强国，但是这种想法在日本并没有得到认同。

○ 日本海军在清朝海军的压力之下，大力建造军舰、培养海军人才，与清朝相比，虽有种种困难，仍然建设起了强大的海军。其原因是什么？

□ 日本的海军并不单是以清朝为目标，而是想要建立一支足以对抗欧美各国海军的东洋舰队，并以此为目标来制订军备计划。但是，日本的财政实力软弱，无法与清朝海军对抗，在财政允许的范围内，为了能与其抗衡，必须加大士兵教育和训练的力度。但新兴的日本海军训练不够充分，无法采用复杂的战术，因此舰队的战术运动以单纵阵为主。

日本的海军飞速发展离不开优秀的人才。这些人都积极地将成为海军军人作为奋斗目标，这是因为当时的军人都拥有武士意识，而成为军人也能获得很高的社会地位。

○ 你在书中写道："清朝的军队常常会受到来自文官和武官两方面的命令，很难保持作战的一贯性。"日本海军军部对日本海军有怎样的影响呢？

□ 当时的日本陆军，把海军单纯看作陆军的护卫。而山本权兵卫认为，在战争中与敌舰作战，保卫制海权的任务需要靠海军来实现，如果不重视海军，陆军的行动也会受到制约，因此努力强化了海军的权力。

○ 在甲午海战中，日本海军的作战计划与目的是什么？这与在日俄战争和太平洋战争中的目的有何区别？

□ 甲午海战中日本海军的基本目的是为了陆军作战的成功，确保日本的制海权，而极力压制北洋水师的行动。

这与之后的日俄战争相同。但是，在长期进行的太平洋战争中，除了保障陆军作战，海军承担了向日本国内输送产业原料、国民粮食，向战场支援兵器、粮食等比保卫制海权更加重大的任务。日本海军没有认识到保卫制海权与护卫输送船同等重要，因此才迎来了毁灭性的结局。

○ 黄海海战后，日本取得了黄海的制海权。日本重视制海权的原因是什么？

□ 日本海的制海权，是为大陆作战的陆军提供补给的生命线。日本海军最大的任务就是确保日本海的制海权，而击败清朝舰队与俄国舰队的目的正在于此。在太平洋战争末期，日本失去了日本海的制海权，导致国家陷入饥饿状态。

○ 在甲午海战打响前，明治天皇实际是反对战争的。在日本国内，主战派与反对派各自持怎样的主张？

□ 明治天皇认为清朝是大国，与之作战非常危险，因此强烈反对。他曾说"这次战争不是出自朕的本意。"但是，在周围重臣的劝说下他同意了。当时在日本国内有人说战争是不可避免的，必须做好战争的准备，也有人说，与清朝作战一定会失败，最好避免战争。而实际上，在没有对外作战经验的日本，是没有人能够预测结果的。

○ 在战争开始时，两国的实力具体有何差距？

□ 在战争开始时，清朝的战斗力是大过日本的，决不能说日本占据有利地位。

○ 1866年的利萨海战，奥地利战胜了意大利，而在黄海海战中，清朝采取了奥地利的横阵形战术，却不敌日本的联合舰队。日本联合舰队在战术上有何优势，清朝舰队的弱点是什么？

□ 利萨海战中，新式军舰采取的是古典式冲角战法，这种冲角战法的战术运动非常难，运动速度如果没有对方军舰快，就无法实施。日本海军没有"镇远"和"定远"那样的强力战舰，无法实施舰队运动复杂的训练。因此采取了单纵阵这种最简单的阵型，提高小口径炮弹的命中率，削弱清朝战舰的命中率。清朝战舰有优越的战斗力，所以试图采取传统的冲角或是切入战术，但是因为速度不及日本舰队，所以造成了双重的损失。

○ 甲午海战的结局对于日俄战争和太平洋战争的爆发有何影响？

□ 甲午战后，下一个威胁就是俄国了。日本采取南下政策，向逼近日本的俄国开战在当时是非常危险的。甲午战后，日本军队信心大增，决定对俄开战，但是此时的伊藤博文首相却竭力反对战争。结果，日本险胜俄国，日军无敌的幻想膨胀，最后，在太平洋战争中毁灭性地败给了美军。

○ 甲午海战的胜利对于日本的近代化有何影响？

□ 甲午海战是日本从极东小国变为国际社会中一员的开始，也决定了日本作为近代产业国家的方向。日本的产业化在日俄战争前后开始发展，在大正到昭和年代完成。可以说甲午战争是决定日后日本发展方向的重要战争。

特集·甲午海战,再认识

模型看舰
缩小的"三景舰"

モデルで『三景艦』を覗う

缩小された『三景艦』

陈晗 / text
FORESIGHT / photo

　FORESIGHT是日本一家老牌模型制作公司,其下产品包括以日本舰船史上的经典舰船为主的"Seals Model"系列、日本赛车史上的经典名车模型系列、日本近代战争史上的重要军人模型系列,以及个别美军经典战斗机模型等。

　创始人长田尚久是位军事迷,尤其热衷军舰研究。在Seals Model系列中,他意图将日本舰船史上留名的舰船全部制成模型。从明治时代的舰船,到战后给予日本人以梦与希望的南极观测船等,他欲将其完全再现。虽然这个目标工程浩大,但至今为止,Seals Model确实为无数军舰迷及军舰模型爱好者提供了一些珍贵的模型。

"严岛号"模型

型号:1/700
类型:静态军舰模型
材质:塑料
特点:主炮置于舰首
系列:Seals Model
制造方:FORESIGHT(日本)

● 如Seals Model的1/700"三景舰"模型。曾参与甲午战争、被称作"三景舰"的"松岛""严岛""桥立"这三艘军舰的模型，在日本众多知名模型公司中都难觅芳踪。FORESIGHT或许是唯一一家仍在生产"三景舰"模型的公司。国内的军模迷，但凡对"三景舰"感兴趣的，大多对"Seals Model"有所耳闻。

"桥立号"模型

型号：1/700
类型：静态军舰模型
材质：塑料
特点：主炮置于舰首
系列：Seals Model
制造方：FORESIGHT（日本）

"严岛"和"桥立"外形极其相似，唯一区别是较晚制造的"桥立"的舰首处，在连接主锚的两舷下方有一个楔形凹槽，而早于它制成的"严岛"并无此凹槽。"松岛"则与"严岛""桥立"有着更为显著的区别，即其主炮置于舰尾，而非舰首。

特集·甲午海战，再认识

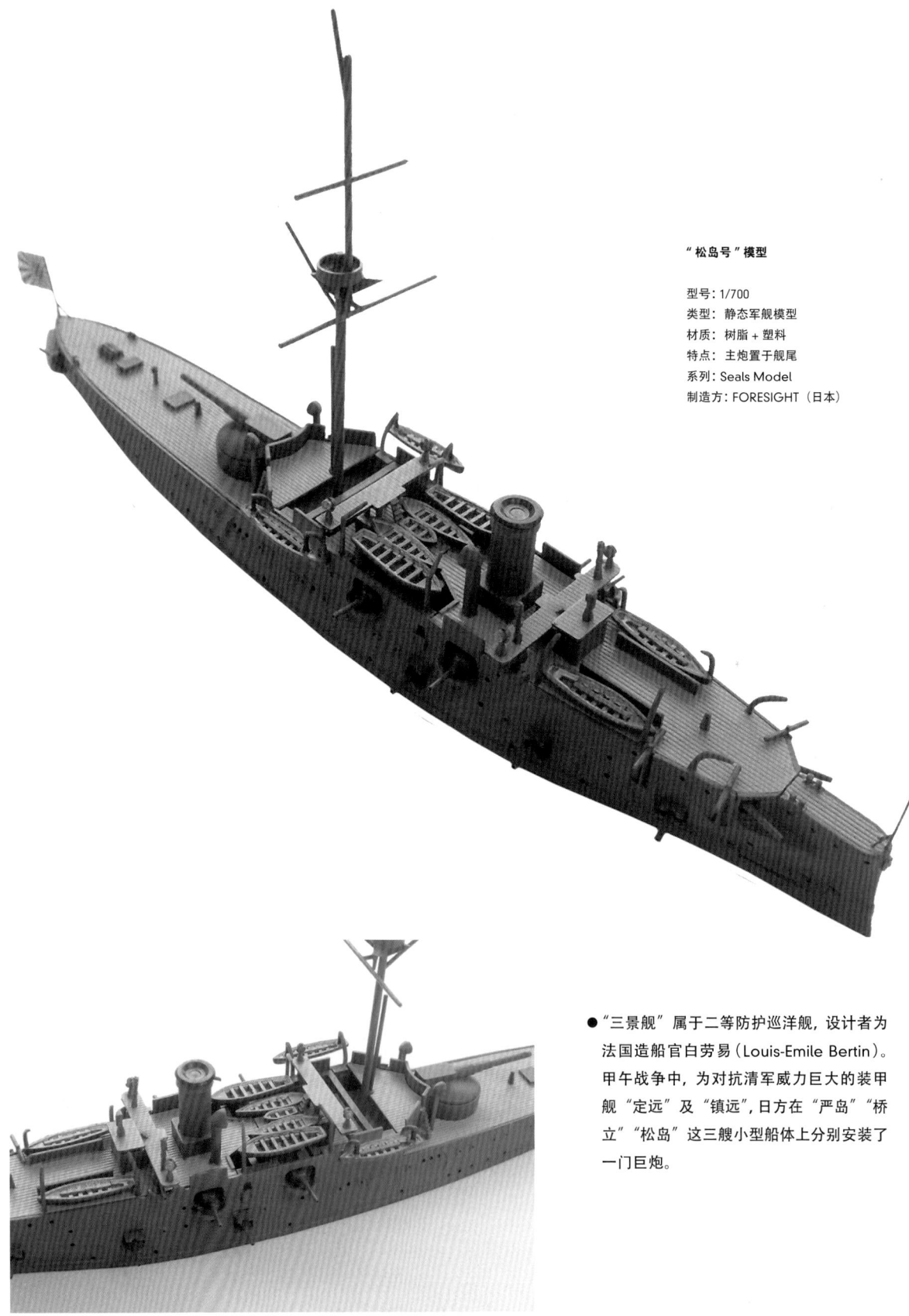

"松岛号"模型

型号：1/700
类型：静态军舰模型
材质：树脂 + 塑料
特点：主炮置于舰尾
系列：Seals Model
制造方：FORESIGHT（日本）

● "三景舰"属于二等防护巡洋舰，设计者为法国造船官白劳易（Louis-Emile Bertin）。甲午战争中，为对抗清军威力巨大的装甲舰"定远"及"镇远"，日方在"严岛""桥立""松岛"这三艘小型船体上分别安装了一门巨炮。

ZHI JAPAN.

薩長
さっ ちょう

● "萨长"为萨摩藩与长州藩的简称。萨摩藩与长洲藩在历史上曾一度激烈对立，后在坂本龙马等人的周旋调解之下，于1866年结成"萨长同盟"。明治新政府中陆海军的重要职位多由"萨长"出身者担任。俄国太子遇刺的"大津事件"之后，日本政府内部曾出现"兴亚"与"萨长"两派分立的局面，其中"兴亚"支持日本与中国结盟，一同促进亚洲的强盛；而"萨长"派则是明显的主战派，主张通过战争确立日本在亚洲及世界上的地位。长洲藩代表人物有伊藤博文、山县有朋、乃木希典等；萨摩藩代表人物有西乡从道、大山严、东乡平八郎等。

特集·甲午海战，再认识

特集・甲午海战，再认识

清日两异　战争观的透视
清国と日本　異なる戦争観を見抜

14

周晓宇 / edit　宗泽亚 / picture courtesy

　　甲午战争中惨烈的海陆战火，影响了时局，也令近代中日两国走向不同未来。战场是历史向人们展示的台前情境，而其幕后还有更多角逐同样在影响国家前途。清日之间从情报到民心的斗争历史，正如繁复历史长河中的"命运"之水，奔涌向前。

资料来源：❶《中国新闻实用大辞典》, 冯健等编，新华出版社, 1996 年 ❷《近代中日启示录》, 王晓秋，北京出版社, 1987 年 ❸《大清国遭遇日本间谍群》, 洲汇，解放军出版社, 2002 年 ❹《中国历代政制考》, 姜文奎，台北国立编译馆, 1987 年 ❺《清末海军史料》, 张侠等编，海洋出版社, 1982 年 ❻《清朝续文献通考》, 刘锦藻，浙江古籍出版社, 1988 年 ❼《清史稿》, 赵尔巽等编，中华书局, 1977 年 ❽《早期红十字会在中国的演变》, 周秋光、靳宝宇, 光明日报, 2006 年 ❾《现代日本医疗史——开业医制的变迁》, 川上武，劲草书房, 1965 年 ❿《日本的农地制度》, 关谷俊，三联书店, 2004 年 ⓫《中国近代史资料丛刊》, 中国史学会主编, 1957 年 ⓬《清日战争》, 宗泽亚，世界图书出版公司, 2012 年

军『眼』之争情报战

○克敌制胜，关键在于预知敌情！这一点在《孙子兵法》的《用间篇》被反复强调，『知己知彼，百战不殆』一说如今更是耳熟能详。情报在战争中的作用无异于军队之『眼』，战场地形、敌方配置、武器种类等，无一不关系到全局控制和策略制定。

传媒特点

○ 1907 年，清政府中央创办了《政治官报》，在这份正式机关报创办的甲午战前，实际上有一份《京报》已相当活跃。《京报》上刊载了谕旨、奏章之流，而负责制作的却是民间作坊，真可谓是官民之间的默契合作。清朝民间还有其他代表性报纸，如美国传教士林乐知于 1868 年创办的《万国公报》、由英国商人安纳斯托·美查于 1872 年创办的《申报》等，在近代报业的惨烈竞争中脱颖而出，发行量和影响力在当时不容小觑。

○清朝报业的发展相当迅速，但在西方媒体上很少看到来自中国的声音。比如"高升号"被日本战舰击沉之后，反倒是处于不利地位的日本用各种手段积极抢了发言权，甚至让英国《泰晤士报》发文为其辩护，愣是把局势扭转到对自己有利的一面。

清末的《政治官报》

《上海新闻画报》上刊登的图绘《倭舰摧沉图》误报丰岛海战大捷

情报机构

○清政府虽然没有专门设立情报机构,不过雍正时期就有所谓的"军机处",虽然名字带"军",但政治、经济、军事、外交,无所不包,其实就相当于皇帝的秘书机构。只是其最终的决策权仍归皇帝,而信息情报也不时会被泄漏到民间。雍正帝还把康熙晚年的"密折言事"制度发扬光大,君臣交流私下以密匣互通,在信息加密方面下了功夫。

○但这些机构制度大多只针对国内事务,直到甲午战败,清政府才恍然大悟,改革官制,在 1909 年学德国设立军咨处(后来改为军咨府,职能上相当于总参谋部),其中主管情报工作的第二厅终于把眼光放向国外,成为中国近代史上第一个对外间谍机构。

间谍活动

○清政府在战前虽然没有公开设立情报机构,但间谍活动并没有停滞。曾国藩率领的湘军就曾设立"采编所",让湖北抚辕巡捕官张德坚来主持侦察活动。太平天国运动兴起以后,侦察活动直入太平军内部搜刮情报,最终形成洋洋洒洒十二卷《贼情汇纂》,内容"纲目井然,源流分明"。

○甲午开战以后,对外间谍活动记录甚少,反倒是驻日公使汪凤藻照搬了日方主动提供的《第一次绝交书》中文文本,不知有诈,原文直接电传回清政府,导致战时情报传递中最为关键的密电码泄露,被日方破译和利用,直到《马关条约》签订。

清朝以电报系统为信息传播中枢,但密电码的泄露使其出现巨大漏洞

传媒特点

○明治政府早在 1868 年就认识到官报官办的重要性,维新派政府发行了一份《太政官日志》,让天皇敕谕、政令及战报等都有了统一而权威的传声筒。斗倒幕府势力以后,明治政府又颁布《报纸印行条例》,终于把办报出版的把关权力握在自己手中,除了维新相关内容以外,还集中介绍了不少西方科学技术、宣传资产阶级

日本《日清战争绘报》以图文形式大篇幅报道和渲染了战果

清国通商综览

思想。甲午开战以后，又不约而同投入战事报道中去。甲午战争期间，日本媒体派出了大量随军记者，把军中所见所闻向国内传送，比较有代表性的史料如《日清战争实记》。

○ 1871年《横滨每日新闻》的出现标志着日本首家日报的问世，大量商业和广告信息开始占据版面。次年发行的《东京日日新闻》由日本记者岸田吟香主笔，不仅一开始就得到政府官员支持，其后更是成为明治政府喉舌，为战争发展和民心渲染发挥了很大作用。

日军在战争中对中立国的观战武官和记者开放，图为日军将校和随军外国武官的合影

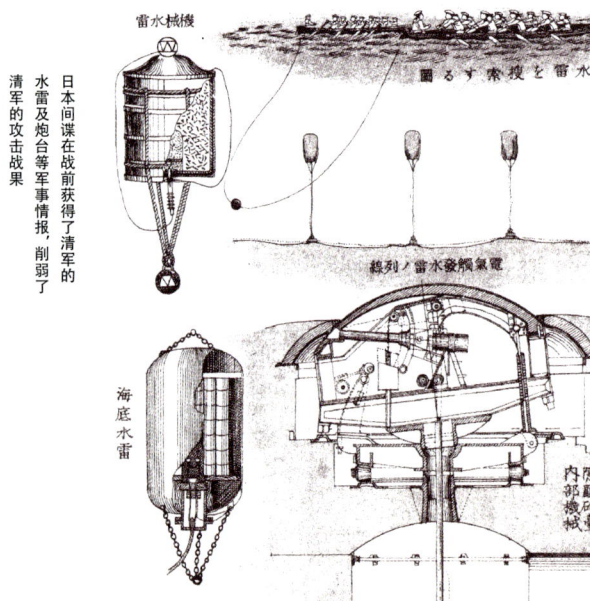

日本间谍在战前获得了清军的水雷及炮台等军事情报，削弱了清军的攻击战果

情报机构

○ 日本陆军参谋本部和海军军令部掌管了战时主要的情报工作，他们还在驻外公使馆设立谍报课，战前建立的情报网不仅囊括本国专业人士，甚至连旅清日本人和清朝本国的住民也包含在内。

○ 1881年在日本成立的民间政治团体"玄洋社"在军政界和财团中影响力甚大，他们同样也参与了甲午战争到二战期间的多次情报搜集等地下工作。

间谍活动

○ 1886年，日本间谍荒尾精在汉口建立"乐善堂"，表面上看是经营杂货和书籍，实际上却在清朝多个主要城市设立分支机构来搜集情报，"乐善堂"称得上是当时清朝本土最大的日本间谍机构。

○ 1890年，日本还特地在上海设立了"日清贸易研究所"来招收学生，培训中国文化，包括向野坚一在内的一些重要间谍成员就从这里毕业。另外据伊藤博文在《机密日清战争》中透露，日本经由"长崎事件"意外获得了清政府所使用的密电码，并于日后将其破译，使日方在战场上占据有利地位。甚至到战争结束，双方进入和谈阶段，他们也不忘借此了解清政府高层的想法和谈判的底线。

力保军心医疗战

○ 战场上的医疗和后勤补救是对作战人员最直接的援助行为，它的贡献在于维持士兵战斗活力，保证后备力量供给轮换，因此显得尤为重要。

清

卫生医疗

○ 清朝社会中，医生的社会地位低下，待遇也不甚优越。虽然早期的清军为了疗伤，时常聘请御医临时到军队中救治伤员，但他们缺少正式编制，不仅要面对生死考验，待遇甚至和军中匠役处于同一水平。

○ 太平天国定都南京后，对军医制度做了一些完善，太平军中设立的医生编制分工各有不同，此外还建立后方救治机构，在保证战斗力方面作用不小。

○ 甲午战后，清军学习西方建立的新式陆军在编制上做了大刀阔斧的改革，各兵种中设有医务人员，同时也注重战场卫生队和医疗养护战线的建立，不仅满足了士兵治疗的需求，也实现了军队战斗力的保有。

军外援助

○ 近代西医技术和知识主要依靠外国传教士进入清朝，当时清军将领左宝贵就曾与西医院建立良好合作关系，战时的伤员统一送到医院进行治疗。到了甲午开战以后，清朝境内出现不少民间设立的红十字会机构，地方政府也开始租用民间旅舍等来弥补军队医疗场所的不足，虽然数量和编制上并非正式，但西医的引入却成为近代战争中的一大支持力量。

高木兼宽是使日本陆军成功借助饮食调节来解决士兵脚气问题的军医

日

卫生医疗

○ 明治新政府成立后，岩仓使节团出访欧美带回不少西方的先进成果，其中包括医学教育知识，回国后不久，政府就发布《医制》改革近代化医疗体系。战争开始之前，兵部省在陆军和海军编制中都建立了军医学校，培养医疗人才以备不时之需。军队中还设立有专业卫生队，配合野战医院完成伤兵战场急救和后方输送的长线任务。

○ 从机关设置来看，日军战时的兵站卫生机关下设有军医部、野战预备医院、兵站医院、患者输送部等，覆盖了前线到后方的整个战线，甚至连野战卫生材料工厂这样的制造业也被考虑在内。

日军在金州城内设立兵站医院，并雇用当地居民的驴马车，运送伤患向后方转移

特集·甲午海战，再认识

甲午战争中的看护妇制度被宣传为『日本妇女从军』的壮举

军外援助

○ 西南战争时期在日本创立的"博爱社"，于1887年改组成了日本红十字会，战前积累的救援经验被活用到甲午战争中。随军护士制度也是由红十字会发起的，第一批护士经过专业学校的培养，在甲午战争中首次投入战场，当时数量就达到650名之多。战时护士的功绩得到认可，因此这个制度被沿用到了10年后的日俄战争。

向心聚国民生战

○ 不管出于何种目的，战争都会对民众造成莫大的伤害。但民心所向、民众支持又是左右战争进程的一个重要因素。清日两国在爆发矛盾之前，国家已然处于不同的发展轨道，再加上民族构成和民众的生活及心态上的诸多不同，造成了各自民众对这场中日近代第一战的不同反应。

清

○ 清朝外族的统治对汉人生活影响甚大，清军入关后，在早期统治中出现了"嘉定三屠"等镇压汉人的事件。到了康熙时期，民族问题受到重视，这才得以避免像元朝一样短寿的命运，从康熙到雍正时期，"摊丁入地"税制改革的完成减轻民众的一些负担。经过"康乾盛世"后，社会更是趋于安定，尤其是丝织业、棉织业和制瓷业有很大成就，景德镇瓷器直到现在也享誉全球。

○ 西方世界的侵入让常年锁国不知窗外事的民众开始接触和容纳外来文化，但外来物也并非全是好的，1858年签订《天津条约》以后，外来的鸦片就在清朝摇身合法化，蔓延全国，也危害到民众的身心健康。

○ 甲午战败让清政府陷入更棘手的境地，大量战争赔款令财政出现危机，而新政推动同样需要大笔资金的支持，最终这些负担转嫁到民众头上，赋税加重，再加上他们对新政欠缺理解、支持，全国各地出现大大小小的社会动乱。

清朝男子的典型装扮

清朝的一家妇孺老幼逃避日军在旅顺的屠杀

○ 与幕府时代相比，经过明治维新改造的社会变化巨大，工业革命几乎席卷日本整个产业，当然这也让经济、政治和生活习惯上习惯东方模式的部分人水土不服，暴动时有发生。1874年的"佐贺之乱"就是为了恢复朝议制度，而1877年的西南战争也始于西乡隆盛发起的反政府叛乱。

○ 甲午战争让政府把内部矛盾引向国外，当时的战前报刊充斥着煽动性言论，甚至称"清国大为觉醒之时，乃最为危险之日"，普通民众在传媒的"洗脑"和战争连胜的状态下也提高了自信心，自愿为战争捐献财物。

日本战前，其国内民众同样面临矛盾和贫苦，图为依靠打柴为生的妇人

日清开战，日本百姓聚集在火车站欢送出征海外的士兵

鉴史明镜论反省

○ 战争的胜负对于国家及国民的影响是深远的，即便从当时短时期内的反应，也可以看出甲午一战在中日两国内有着近乎颠覆性的影响。

国家首脑

○ 力主战日的光绪帝因甲午战争的失败而深受打击，最终决定采纳革新派意见，主导维新变法，可是这一举动侵犯到守旧党势力的利益，最终在慈禧的介入下，维持百日以失败告终。

社会思想

○ 清朝在战后终于清醒，开始学习西方的军队发展，逐渐建立了近代化体系，其他西学知识也被大量引进，思想家郑观应就在《盛世危言》中提出了"西学不重，则奇才不出"的观点，严复的《天演论》就是在这一背景下诞生的。

特集・甲午海战，再认识

特集·甲午海战，再认识

清朝的典型士兵装扮

清末的新建陆军

○ 甲午战后，赔款问题让清政府面临窘境，民族工业的发展和西方生产模式的学习都受到阻碍，而一系列不平等条约摆在眼前，让曾经的"天朝上国"被西方称作"东亚病夫"，列强更加肆无忌惮地加快争夺在华势力范围，军商文化也不断侵入。

国家首脑

○ 甲午战争获胜后，日本并不满足现状，陆军大臣山县有朋进一步提出"扩大利益线"主张，继续贯彻"东洋盟主"的路线，实施亚太政策，随后经过日俄战争，加上与英、美、法国签署的各项协定条款，让日本登上亚太地区强国的宝座。这一时期，日本把美、法、俄三国视为目标，由天皇指导采用"开国进取"的战略，开始向南亚和太平洋对岸谋求更大扩张。

提出扩大利益线的山县有朋

甲午战争胜利后，日本市民在车站庆祝并迎接凯旋部队

甲午战争胜利后，在广岛的胜战祝宴会上演出的军校学生

社会思想

○ 甲午一战的胜利标志着日本成功挑战了大清政府，不仅国内欢腾，国家地位也得到提升。狂热的战争氛围"烧"热了全国的头脑，胜利的果实带来的是一次全国性的民族主义教育，各行各业的近代化进一步深入人心。

○ 不得不说，日本在甲午战后的发展在一定程度上帮助日本赢得了日俄战争，进而确立了它独特的近代国家发展模式，最终在对外扩张的军国主义道路上越走越远。

一衣带水清日观

○ 甲午战争的落幕在改变东亚格局的同时，也对清日两国间的相互观念造成了很大影响。在国际地位和国内发展出现巨大差距以后，不可避免地造成其思想的前后大变。这种变化一方面促使清朝进行更大更深层次的改革，另一方面也让日本摇身步入强国行列，成为被效仿的对象。

清

○ 甲午战争以前，清朝朝野主战声音占据主流，然而惨败的教训令所有人大跌眼镜，割地赔款的结果为国人敲响了警钟。

○ 战前清政府奉行朝贡体制，轻视日本维新之举，甚至称其"荒唐无稽"。光绪帝在甲午战败以后终于力主维新，以求让中国走上君主立宪之路。当时，康有为甚至邀请前日本首相伊藤博文来访，光绪帝在与伊藤会谈时也向对方请教维新之法。

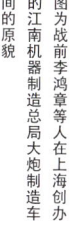

图为战前李鸿章等人在上海创办的江南机器制造总局大炮制造车间的原貌

战后曾考察清朝态势的伊藤博文

清末留日的嘉应学生合影

京师大学堂是维新失败后存留下来的为数不多的成果

○ 清大败于日，令全国上下掀起了一阵学习风潮。和西方大国相比，日本地域和文化与我们更为接近，成为当时留学的主要目的地，大量日本文化和国家发展体制特色也被引进。

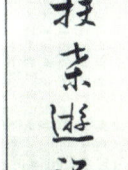

《扶桑游记》封面

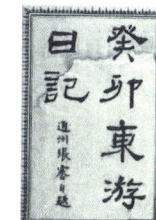

《东游日记》封面

日

○ 幕末时代，美国舰队在横滨叩关，让日本国内的思想家们开始探索如何规避国家厄运，实现西方的近代化发展。日本自古以来奉中为师，然而面临列强威胁，也开始出现改造亚太形势的思想。

○ 甲午战争以前，在清政府境内的日本间谍获取了不少清国式微的证据，令日本一部分人认为只有先对清政府进行改造，才有对抗西方的可能性，由此展开了日本近代化和扩张路线的进程。

○ 明治维新以后日本一跃发展为近代化国家，甚至要求与清政府平起平坐。甲午战争的胜利让日本为世界所瞩目。当清政府终于决定进行维新改革时，日本甚至借此机会派出伊藤博文游历中国，考察清朝态势，寻求涉入清政府发展格局，加强日本的影响力。

特集·甲午海战，再认识

于锦绘中复苏的甲午战争场景
锦絵で甦る日清戦争場面

15

刘子丹 / edit　日本国立国会图书馆 / picture courtesy
荒田正 | / cooperation

中日甲午战争爆发后，引发了日本浮世绘历史上最后的热潮。以小林清亲*为首的浮世绘师在「甲午战争锦绘」相关作品中大显身手，留下了总数约300幅精彩画作。通过这些构图与用色大胆的锦绘，人们得以了解战况、追溯战争的发展流程。不过，作为艺术作品，也承担着政治宣传的作用。渲染日军战果的画面与文字，经过艺术夸张，以在日本民众中达到强烈的宣传效果。

* 小林清亲（1847～1915）著名浮世绘师，与月冈芳年、丰原国周并称为「明治浮世绘三杰」。

1894年7月25日，日本联合舰队觉察到清军派出了增援兵，下达了攻击清军运输船队与护卫舰的命令。在朝鲜丰岛海面，中国军舰「济远」与「广乙」遇上日本联合舰队第一游击队「吉野」「浪速」「秋津洲」三艘军舰，海战爆发。「广乙」后来触礁自爆，「济远」曾一度投降，后逃走。在此期间，清军载满军械的「操江」与租用的英国商船「高升」赶去增援，却遇上了追击清舰的日本舰队。由于「高升」上载有武器与清兵一千多人，「浪速」舰长东乡平八郎以此为由，欲登船检查，捕获「高升」。但东乡与清军交涉未果，最终下令将其击沉。中方认为日军袭击清军租用的外轮，违反了「国际法」，但日方认为当时「高升」载有敌方作战人员，东乡的做法符合「战时国际法」，此事件在英国也没有激起太大波澜。之后「操江」被「秋津洲」俘获。约一周后的8月1日，中日双方正式宣战。

ZHI JAPAN.

● 日本舰队『吉野』『秋津洲』『浪速』在丰岛海面遇到了运送兵员的清军舰队。画面呈现出『高升』沉没、『济远』逃走、『广乙』触礁自爆、『操江』被俘获等一系列史实。根据落款日期来看，作品于1894年7月27日印刷，8月1日发行，可见信息被迅速传递出来了。但这终归是艺术作品，或多或少增加了创作者的想象。事实上，战争发生在从早上到正午过后的时间段内，而图中的夜战场景为了戏剧效果，难免有些夸张。

小国政 绘

特集·甲午海战，再认识

特集・甲午海战,再认识

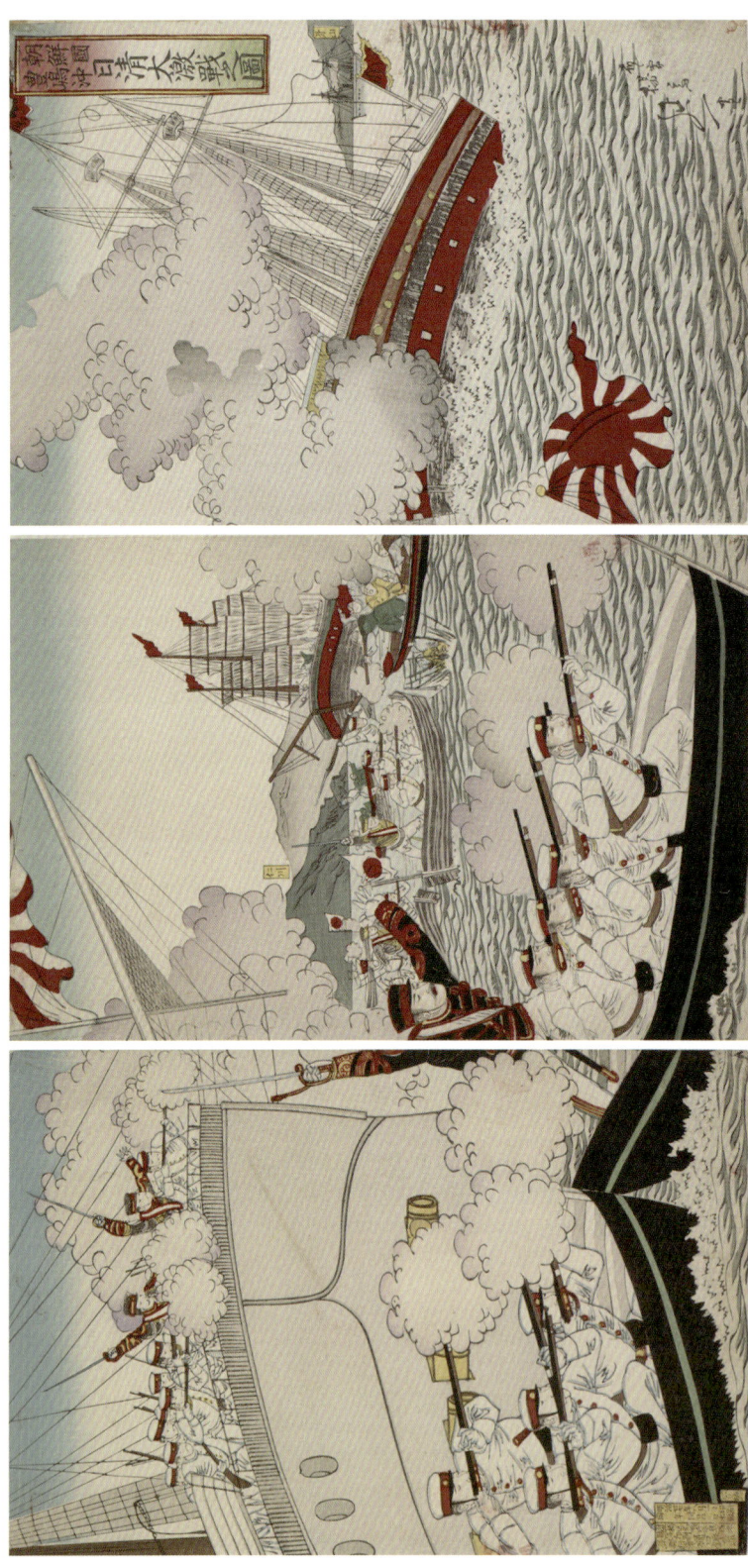

● 同为海战相关作品。图中右方的山为朝鲜牙山,中部为仁川,有效传达了地理信息。

杨斋延一 绘

ZHI JAPAN.

● 从右边起依次为清军运兵船『高升』(此时几近沉没)、清军『操江』(红色)、清军『广乙』(黑色)、日军『秋津洲』(白色)、清军『靖远』(黑色)、日军『高千穗』(白色)、中间为牙山。『高千穗』事实上并未参加丰岛海战,而参加了之后的黄海海战等。

特集·甲午海战,再认识

特集·甲午海战,再认识

● 从陆地的视点描绘的丰岛海战图。『操江』为图中右侧红色军舰,『广乙』为里侧黑色军舰,『济远』是眼前的黑色军舰,清军运送船此时已经沉没。陆战在这时应该还未开始。

作者不详

ZHI JAPAN.

●回柱为丰岛海战图,这幅作品生动地描绘了战争进行时的情景。细节描述应该是出自绘师的自由发挥。

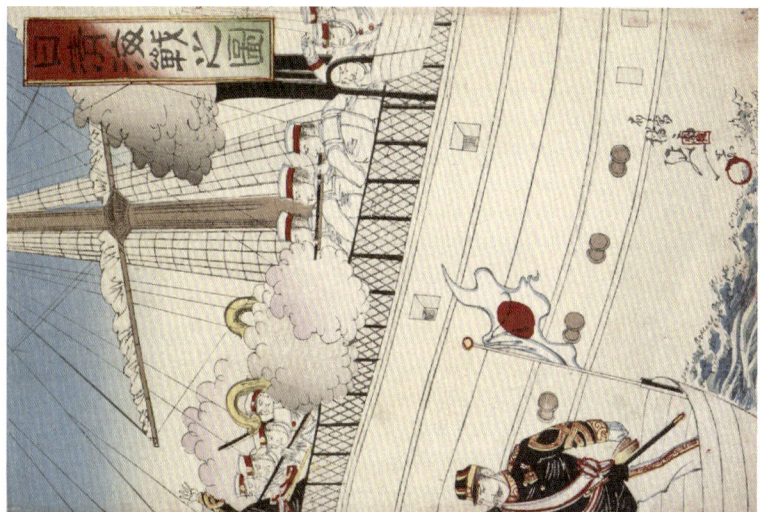

特集·甲午海战,再认识

特集·甲午海战，再认识

● 为了击退已于6月登陆牙山的清军，宣战前的7月29日深夜，伴着夜雨，日军对清军进行了偷袭。在装备与兵力上胜出的日军取得了胜利，清军不得不撤退到平壤。成欢之战可谓是中日甲午战争中第一场主要陆战。这幅作品根据日本画家久保田米仟*等人的从军报道，以近景的方式营造出了战场氛围。

*久保田米仟（1852～1906），明治时代的日本画家。作为甲午战争、日俄战争的从军记者，创作了多部战争画作。

● "遇死不偷生,知进不知退。这是我们军人的特性。"喇叭手木口小平在进军之际,吹着喇叭冲在了队伍最前方,被清军枪弹击中,仰头朝后方倒下。然而倒下之时他仍未放开手中的喇叭,依然吹奏着。

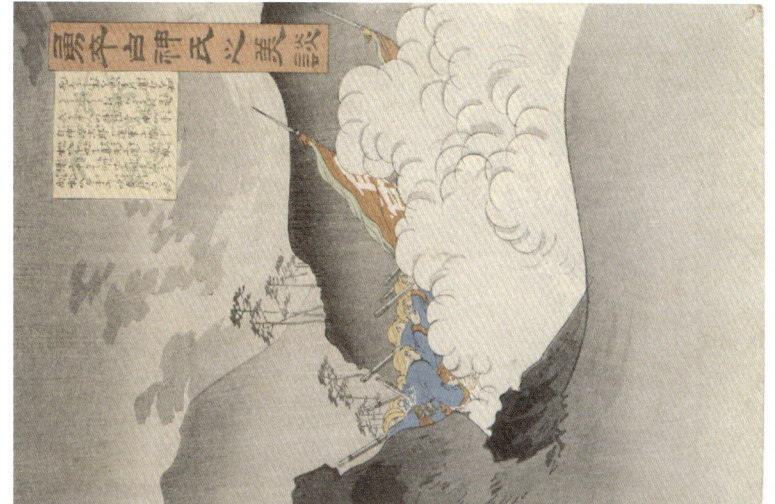

特集·甲午海战,再认识

杨洲周延 绘

● 9月15日的平壤之战可谓是甲午战争中最大的陆战。为了迎击日军,清军集结于平壤,将日军包围。然而日军对清军进行猛烈攻击,经过苦战,清军将领左宝贵殊死抵抗,最终战死。日军于9月16日攻入平壤城,清军全面溃退。

9月17日，清军北洋水师与日本海军于黄海相遇，战争开始。清军方面有以"定远"为旗舰的14艘舰艇，日军为12艘。这是一场赌上黄海海域制海权的大作战。最终，北洋水师的"超勇""致远""经远"等5艘军舰沉没，6艘军舰受到大小不同程度的毁坏。一方面，日军的旗舰"松岛"等4艘军舰也受到了损伤。海战过后，黄海制海权落到日本联合舰队手中。

● 日军"西京丸"本是客货船，被施以作战装备成为代用巡洋舰，归日本联合舰队所属。因为日本海军令部长桦山资纪乘船视察军情。"西京丸"受到清军炮弹的集中攻击，欲退出战场。清军"福龙"鱼雷艇朝"西京丸"发射鱼雷未击中，"西京丸"最终得以逃脱。

特集·甲午海战,再认识

● 作品描绘了日军旗舰『松岛』被炮弹击中并起火的画面。『松岛』被清军主力舰『镇远』的一颗炮弹击中,据说实际上死者达57名,伤者约56名。与舰船内的悲惨状况正相反,指挥官一边大喝『花三周时间修理之后再回来』,一边拿好军装将舰船抛弃。威严之势略显悲哀。

小林清亲 绘

● 日本联合舰队的单向纵列阵将清朝北洋水师一艘巨舰击沉。仔细观察断裂的舰轴上方，可以依稀看到大量清兵沉入了海中，海面与船上也有许多士兵。

小林清亲 绘

特集·甲午海战，再认识

小国政 绘

● 大孤山大激战同样以海战为主题。大孤山位于鸭绿江口，现东港市孤山镇。这幅作品横长约为普通作品的两倍，是一幅展现了壮观海战的全景图。画面前方可见紧紧抱住舰船桅杆的兵与好不容易爬上救命艇的士兵们。

●鸭绿江的对面便是清朝领土，日军若要进军，必须做好充分的思想准备。这幅作品描绘了正在侦察对岸敌情的日本兵。日军于10月24日开始渡江，26日攻占九连城。

小林清亲 绘

特集·甲午海战,再认识

应需年英 绘

●黄海海战取得胜利后,日军第一军于10月24日横渡鸭绿江,侵入清朝领土,第二军于次日登陆辽东半岛花园口。在那之后的11月21日,日军占领旅顺要塞,并对清朝军民实施了举世震惊的『旅顺大屠杀』。

● 1895年3月,清国钦差头等全权大臣李鸿章到达日本下关,开始与日方进行议和交涉。面对日本提出的『割让台湾』这一要求,李鸿章表示了反对。之后李鸿章被日本刺客袭击,日方担心国际舆论的指责,于是表示同意停战,双方于4月签署了《马关条约》,战争终结。

● 图中右起:参议陶大均、参议罗丰禄、参议伍廷芳、书记官李经方、清国钦差大臣李鸿章、参议马建忠、外务大臣陆奥宗光、书记官、总理大臣伊藤博文、外务大臣书记官中田敬义、书记官、外务书记官井上胜之助。

特集·甲午海战，再认识

两军蹙兮生死决 甲午军人志
敵に直面、生死の対決 日清軍人誌

16

曹人怡 / edit

聂士成
1836~1900

甲午战争爆发时：58 岁

1836 出生于安徽合肥。
1862 投效庐州军营。
1863 改属淮军，屡获大捷。
1868 获赏一品受封。
1884 中法战争爆发，参与援台。
1887 参与旅顺要塞建设。
1891 参加北洋海军阅兵，十二月接管驻芦台淮军各营。
1893 游历东三省及韩俄交界，著书《东游记程》四卷。
1894 守卫大高岭，击退日军，因功封直隶提督。
1899 镇压义和团起义。
1900 抵抗八国联军入侵，在天津战死。

○ 聂士成，字功亭，安徽合肥人，清末陆军将领。甲午战争爆发后，率部在牙山成欢抵抗日军，失利后又参与平壤一战。

○ 1894 年 10 月，聂士成奉命守卫辽东大高岭一带，连战十日，击退日军，这一场大高岭大战，是甲午战争中为数不多的胜利。此后直到甲午战争结束，日军也一直没有突破大高岭。

○ 大高岭，也叫摩天岭、太高岭或高岭。山道险峻，可谓"一夫当关，万夫莫开"。古来战事繁多，成为兵家必争之地。聂士成面对数倍于己的强敌镇定自若。他坚信只要指挥得当，布置有方，借助大高岭的天险地利，一定能阻敌于险关前，打破日军威逼京城的美梦。

○ 聂士成首先派人驻守连山关，成为摩天岭的第一道防线，形成纵深防御的阵式。在要道处选择安设大炮，与步兵阵地组成战壕网，互相支援，纵深支持。为了迷惑日军，聂士成还命令士兵在山林中布置数千面旗帜，在密林中安排了众多的战鼓和号角，动员附近的百姓前来助战。

○ 11 月 12 日，日军开始向大高岭进攻。日军派骑兵一部在前，大部队在后跟进。骑兵一部进犯连山关口，守关士兵便率部奋力抵抗，连续击退日军多次进攻。一番苦战过后，日军形成包围之势，攻占连山关。

○ 得到连山关之后，日军立刻将此地当作基地，随即开始了对大高岭的进攻。就在日军向着大高岭前进之时，突然一声巨响在日军队伍中炸开，爆炸中日军死伤无数。只听四下战鼓齐擂，号角轰鸣。又见山林中旌旗飞动，似乎有千军万马严阵以待，日军不知如何防卫，惊魂未定。

○ 日军不断冲锋，但每次冲锋都在清军打击下溃退。特别是正面阵地上的大炮，让日军伤亡惨重。日军妄图夺取炮阵地，但炮阵地前有一片开阔地，聂士成在该处埋伏了数千射手齐射，日军四散奔逃。日军向山下奔逃而回，聂士成又指挥部队追

○ 蔡廷干，字耀堂，广东香山人，被选派赴美留学。1881年由于清政府下令撤回全部留美学童，蔡廷干被分派到"大沽水雷学堂"学习。除了学习鱼雷的理论知识和操作技术之外，还学习电机、采矿、测量等课程。1888年调往北洋水师服役，1892年调任"福龙号"鱼雷艇管带。黄海海战开始时，蔡廷干率领"福龙号"参加战斗，指挥属下舰艇把日方军舰"西京丸"从舰队中分割开来，不断朝"西京丸"发射鱼雷。谁知由于测量失误，对鱼雷定深过深，鱼雷竟然从舰底穿过。当蔡廷干再下令发射鱼雷时，无奈艇上装备的三颗鱼雷已经全部用完，只好全速退出战斗。返航途中，"福龙号"还救起不少坠海的海军士兵。

○ 1895年，日军海陆两路夹击威海卫，蔡廷干意欲突围，但沿途遭到日军追截射击，"福龙"被"吉野"一路尾追，蔡廷干最终受伤被俘，被押送至大阪囚禁。直到《马关条约》签订后才被释放。

○ 由于蔡廷干中国古典文学的造诣深厚，又在美国留学时期潜心钻研语法，因此精通中英双语。晚年他常常应清华、燕京两所大学的邀请讲授《中国文学》，还将一批中国古典文学名著翻译成英文版，其中已经成书的有《老解老》（英语译注老子的《道德经》）及《唐诗英著》。后者由芝加哥大学出版社于1932年出版，书名是"用英文韵脚翻译的中国诗"，获得了国际文学界的一致好评。由于蔡廷干在文学上也有卓越的成就，因此被冠以"儒将"之称。1935年9月20日，蔡廷干病逝于北平。

蔡廷干
1861~1935

甲午战争爆发时：33岁

1861 出生于广东香山。
1873 毕业于预备学校，被选派赴美留学。
1881 回国后在"大沽水雷学堂"学习。
1892 调任"福龙号"鱼雷艇管带。
1894 参与黄海海战。
1895 威海卫之战中受伤被俘，押至大阪囚禁。
1927 退出政坛。
1935 逝世。

击，动员而来的百姓也呐喊着从四面山上下来涌向日军。日军狼狈逃回到连山关。

○ 回到连山关的日军请求派大部队增援。但此时已无兵可派，日军只得龟缩在连山关，大高岭牢牢地守在清军的手中。

○ 聂士成精心谋划的大高岭战役，成为了甲午战争中清军的第一场胜仗。11月天降大雪，聂士成决定雪夜突袭连山关。约定兵分两路偷袭连山关。当晚，在日军认为大雪不利于部队行动时，聂士成率领数百骑兵突袭连山关，分兵向日军发起攻击，毫无防备的日军被打了个措手不及，仓皇逃离连山关。清军成功收复连山关，是清军与日军开战以来第一次收复失地。在这之后，聂士成又紧逼日军，成功收复分水岭。

○ 大高岭一战，聂士成因击毙日军将领富刚三造有功，升为直隶提督。

○ 程璧光，字恒启，号玉堂，广东香山人，从福州船政学堂毕业后先后担任南洋水师炮船管带、福建水师学堂教习、广东水师"广甲"快船帮带等职位，最终调升"广丙"舰管带。1894年，朝鲜局势紧张，程璧光上书李鸿章要求留在北洋水师备战。"广甲""广乙""广丙"三船编入北洋水师。9月甲午海战爆发，程璧光所在的"广丙"舰最初在港口负责警戒，后赶赴战场发炮击伤日方军舰"日京丸"。作战中程璧光腹部被弹片击中，受伤较为严重。1895年威海卫之战，日军炮轰刘公岛，北洋水师被困于威海卫港内，提督丁汝昌与部分官员拒绝投降自杀殉国。经过剩下官员商议，程璧光被派遣为军使，乘"镇北"炮舰将投降书递交于日军。之后日本军舰开进刘公岛，北洋水师全军覆没。程璧光也因此遭到革职。1918年程璧光在广州遇刺身亡，后被北洋政府追赠为海军上将。

程璧光
1861~1918

甲午战争爆发时：33岁

1861 出生于广东香山。
1872 在福州船政局练习航海术。
1875 考入福州船政学堂，学习航海驾驶。
1894 上书李鸿章，请求留在北洋备战，于黄海海战中受伤。
1895 参加威海卫之战，战败后以丁汝昌名义投降，事后被革职。
1896 经李鸿章劝说后复职，任海军处船政司司长。
1909 任巡洋舰队统领。
1916 参加孙中山发动的护法战争，任海军总长。
1918 在广州遇刺身亡。

山县有朋
1838~1922

甲午战争爆发时：56 岁

1838 出生于长州藩武士家庭。
1858 上京进入吉田松阴的松下村塾学习。
1873 任陆军卿。
1889 就任内阁总理大臣（首相），参加帝国会议。
1890 晋升陆军大将。
1893 任枢密院议长。
1894 甲午战争爆发，任第一军司令官。
1895 受封元勋，授旭日菊花大绶章，受封侯爵。
1904 任参谋总长，统管日俄战争。
1906 受一级功勋。
1908 受封公爵。
1922 逝世。

○ 山县有朋出生于长州藩，幼名辰之助。早年进入吉田松阴的松下村塾学习，25 岁成为奇兵队的军监，好战之心初现。山县有朋还曾率领军队参加过讨幕战争，称得上是攘夷运动的先锋。

○ 明治维新后，他改名有朋，号含雪。受明治政府派遣，山县有朋又赴欧洲英、法、德等国考察军事。归国后历任兵部少辅、大辅、陆军大辅、陆军卿、参谋总长等职位，成为陆军长州派军阀头目，是日本"皇军"的创始者，有"日本近代陆军之父"之称。

○ 甲午战争前，山县有朋在国会演讲时把朝鲜和中国东北、中国台湾等地比喻成日本的生命线，极力主张出兵作战。1894 年他亲自担任第一军司令，率军入侵朝鲜，甲午战争由此爆发。战争期间，山县有朋亲自率军参战，在平壤、安东等地作战时，他所带领的部队都是作为主力参战。由于山县有朋的强烈主张，日本也开始了一系列对外扩张作战，因为战斗有功，山县有朋还被受命为陆军大臣。在这之后，作为日本军队巅峰人物的他参与策划了八国联军侵华战争等活动。直到伊藤内阁组建之前，山县有朋都是日本国内绝对的一号人物。

○ 山县有朋的好战之心过于强烈，甚至连日本政府都有些看不过去。1894 年 6 月，山县有朋作为元老参与首相官邸会议，策划发动甲午战争。并于同年 11 月提出《征清三策》，主张冬季作战。虽然日本大本营否定了这个进攻方案，但山县有朋对此觉得非常不满，仍然决定出战。无奈之下，日本方面决定以"养病"为名

山本权兵卫
1852~1933

甲午战争爆发时：42 岁

1852 出生于鹿儿岛县。
1863 参加萨英战争。
1868 参加戊辰战争，战争结束后由西乡隆盛介绍给了胜海舟，从此加入海军。
1869 以萨摩进贡生身份进入海军操演所学习。
1874 任海军准尉，留学德国。归国后任"高雄""高千穗"舰长。
1895 任海军军务局长。
1904 晋升海军大将。
1928 受大勋位菊花勋章。
1933 逝世。

○ 山本权兵卫出生于鹿儿岛的武士家庭，1870 年进入海军兵学寮学习，毕业后致力于日本近代海军建设。先后在德国军舰"维尼特"和"莱比锡"上实习两年左右，有丰富的海军经验。1877 年任海军少尉，1881 年任大尉。甲午战争期间，担任海军省次官、大本营参谋。

○ 日本自明治维新以后，虽大力发展海军建设，但海权观念相当薄弱。在发动甲午战争之前，日本参谋本部对掌握制海权的重要意义并没有足够的认识。当时，以参谋次长陆军中将川上操六为代表的"陆军万能"论者，认为只要有陆军，就足以应付战局。海军的作用和掌握制海权的必要性并未得到重视。于是山本权兵卫做出以下质疑："姑无论陆军如何精锐，果欲用之于海外，而不以海军取得海上绝对安全，终必归于败降……夫海军之主要任务，则在掌握制海权，进而迫近敌地以压服之，或组陆战队登陆，占领据点，或掩护陆军前进，与敌抗战，或炮击敌国重镇，或杜塞敌国物资，或破其谋，或伐其交，多歧多端，任务复杂，若专视海军为陆军输送补助机关，是不知海军使命，不足与言国防用兵也。"（原句出自世界日报海事编译局：《海事》，1936 年第 9 卷 6 期）制海权的重要性也在此时得到了重视。

○ 为了完成自己的理想构建，山本权兵卫在政府的行政会议、国会及全国性刊物上，极力发表"海军居首，陆军为辅"的论调，以谋求大部分政府经费和公众的支持，以此作为舰队的基础。山本权兵卫十分善于激发和引导公共意见，由此推动大规模海军扩建。

○ 山本权兵卫在海军建设上有着自己独断的坚持，他认为为了维持海上的基本安

召回身在战地的山县有朋。仁睦天皇向山县有朋下达诏书，命山县有朋回国"修养"。无奈之下，山县有朋被迫归国。

○ 人们在评价山县有朋时，常常会用到"严厉""阴沉""专横"这样的词汇，也正是因为山县有朋具有这样的个性，才会对日本军事的发展产生巨大影响，因而地位显要，权倾朝野。山县有朋一手打造出了现代化的日本"皇军"，开创了日本军部干涉政治的先例，直接参与策划和指挥的甲午战争和日俄战争，也都取得了胜利，为日本迅速跻升为世界军事强国发挥了重要作用。山县有朋一生掌握军政大权，长期在日本军民中灌输军国主义思想，提倡尚武精神，是日本军国主义的首要人物。

全，日本必须拥有六艘最大的战列舰，以及四艘至少达到 7 000 吨的装甲巡洋舰。并且，正如陆军中的步兵需要炮兵、骑兵和工兵的支援，海军也需要组成一支"平衡"的舰队。战列舰必须获得装甲、防护和无防护这三种巡洋舰的辅助，在这些次级战舰的支援下，配合数量充足的驱逐舰和鱼雷艇，才能胜任搜寻和追敌的任务。驱逐舰和鱼雷艇也可以趁机向敌人的基地发起攻击。经过长达十年的海军扩建，1897 年，山本权兵卫拥有六艘战列舰和六艘装甲巡洋舰的"六六舰队"终于形成。日本也因此在这十年内，一跃成为世界海军第四强。

○ 甲午战争后，山本权兵卫因功晋升，任军务局局长。1898 年起连任三届内阁海军大臣。1913 年任内阁总理大臣，其间仍不断增加海军军备。

○ 日本有这样一首军歌叫作"坂元少佐"，又名"赤城的奋战"，歌曲轻快，描写了战斗中外形弱小的"赤城号"舰船不畏艰险，顽强作战的事迹。歌曲中有一段这样唱道："军中赤城舰，看似小又弱，心比铁坚韧，士兵勇向前。"黄海海战中作战的赤城舰舰长，就是被称为坂元少佐的坂元八郎太。

○ 坂元八郎太出生于鹿儿岛县，1871 年进入海军兵学校学习，毕业后担任海军少尉补。1885 年远赴英国接收"浪速"舰，第二年回国后升为海军大尉。之后又与河原要一（日本海军兵学校第二期毕业生）一起前往英国接收新式巡洋舰"吉野号"，担任"吉野"的副舰长。1894 年 6 月成为日本联合舰队"赤城号"舰长。甲午海战中，日本舰队想采用鱼贯纵阵绕攻北洋水师，但"赤城""比睿""西京丸"由于航速迟缓而落后于队伍，遭到清朝北洋水师"定远号"的拦腰截击围攻，这三艘军舰也从日军大部队中分割出来。下午1时，"定远"用克虏伯炮击中"赤城"舰，打死水兵两名。而正在看海图的坂元八郎太也被弹片击中头部，当场死亡，"赤城号"舰船也受到了极大的损伤，整场海战中被击中 30 弹，死 11 人，伤 17 人。

坂元八郎太
1854~1894

甲午战争爆发时：40 岁

1854 出生于鹿儿岛县。
1871 进入海军兵学校。
1877 任海军少尉补。
1881 任海军兵学校教官。
1883 晋升为海军中尉。
1885 赴英国接收浪速舰。
1893 赴英国接收吉野舰，任副舰长。
1894 任赤城舰舰长，于黄海海战中战死。

特集·甲午海战，再认识

东乡平八郎　从萨摩藩士到海军元帅

東郷平八郎　薩摩藩士から海軍元帥へ

赵恺 / text
陈晗 / edit
伊东东乡纪念馆 / photo courtesy

"官二代"平八郎

○ 原本定居于今天东京都附近的涩谷家族，于镰仓幕府中期受封于九州，并在当地开枝散叶，形成了东乡氏、高城氏等诸多分家。不过"强龙难压地头蛇"，随着战乱的到来，涩谷一族在九州的领地遭到当地土豪岛津氏的蚕食。在抗争无果的情况下，涩谷氏的子孙或死或降。东乡氏也迫于形势依附于岛津家，从此开始了东乡一族作为岛津家臣的岁月。

○ 1577年，时任当家的东乡重尚被迫接受岛津忠仍作为其养子。按当时通行的游戏规则，重尚身后，岛津氏便可通过养子继承接管东乡家。面对危机，东乡氏族别无他法，只能乞灵于战刀。最终在以精湛剑术开创"示现流"一派的东乡重位手中抢回了继承权，更增封千石的俸禄。

○ 东乡重位以后，东乡氏凭借着岛津家剑术老师的身份融入了萨摩藩的藩政。平八郎的父亲东乡实友更深得藩主岛津齐彬的信任，于1874年出任"郡奉行"。

一年之后，在鹿儿岛城下的加冶屋町，东乡实友的第四个儿子诞生。由于前面有三个哥哥和一个姐姐，因此这位未来以"平八郎"之名享誉日本的男孩，幼名"仲五郎"。

○ 在当时为"锁国"所固化的日本列岛，地处九州南部的萨摩藩可谓是"西化改革"的先行者。岛津齐彬不仅自身广泛涉猎西方典籍，更广开招贤之门。东乡实友虽其名不彰，但能够得到岛津齐彬的信任和重用，自然亦非因循守旧之人，据说以剑术专长的东乡氏已转型成了萨摩藩的炮术专家。在岛津齐彬的领导下，萨摩藩吸收舶来的西方先进技术，逐渐走向了藩富兵强的巅峰。

○ 1858年，德川幕府内部爆发名为"安政大狱"的"路线之争"。准备"起兵上洛"的岛津齐彬在出征前夜突然发病，离奇去世。他死后，萨摩藩大权为其异母弟岛津久光所把持，东乡实友和西乡隆盛等岛津齐彬的心腹迅速被边缘化，但在岛津久光

● 岛津齐彬

● 英萨战争

● 明治维新前的萨摩藩武士

的"生麦事件"所引来的滔天祸事中,东乡实友还是举家参战。
○ 所谓"生麦事件"指的是1862年9月发生在武藏国生麦村附近的一起械斗。当天有四骑人马挡在岛津久光700人的萨摩藩仪仗队前,他们是往返横滨和上海之间的英国商人查理斯·理察逊等人。对峙中查理斯被萨摩藩武士砍倒在地。为"讨个说法",1863年英国皇家海军出动12艘军舰抵达江户,并执意要给日本各地强藩一个教训。
○ 1863年8月11日,英国舰队出现在了鹿儿岛城下町以南的谷山乡海面上,炮口直指萨摩藩的腹心。于15日逼近至距鹿儿岛城仅1千米的英国舰队,开始展开军事行动,萨摩藩的3艘蒸汽船率先被查扣。但就在英国舰队自以为得计之时,正午时分,80门各种口径的海防大炮在萨摩藩武士的操控下向英国舰队发出了怒吼,被打了个措手不及的英国人只能胡乱地向岸上目标发射火力。而此时刚刚完成元服、改名为实良的东乡平八郎,正在位于萨摩半岛最南端的山川炮台上,为父辈们搬运炮弹。
○ 一番交火之后,英国海军付出了3艘战舰受创、60余人死伤的代价愤愤而去。而萨摩藩方面虽仅死伤17人,但大批基础设施被毁,深感得不偿失的岛津久光放低了姿态,与英国方面达成和解。不过这场被称为"英萨战争"的冲突却彻底改变了萨摩藩的政治立场,岛津久光认定迷信武力的"攘夷"毫无前途,遂主动与英国方面展开一系列经济、军事领域的合作,成为"开国"论的急先锋。
○ 对于带领三个儿子参战的东乡实友,岛津久光也重新予以重用。不过此时的东乡实友已年逾六十,怀着对萨摩藩乃至整个日本未来的悲观预测,1867年6月,他抱病主持了分家仪式。次子及女儿均已夭折,三子又过继给了小仓家。因此,所谓"分家",无非是确立了长子东乡实猗继承家门,而让四子东乡实良、五子东

● "春日丸"炮术士官时代的东乡平八郎（后排最右）

乡实武自谋出路而已。半年后，东乡实友病逝于鹿儿岛家中。

○ 明治维新前夜，日本武士在汹涌的市场经济浪潮中濒临破产者众多。东乡平八郎和弟弟自立门户之后，首先要考虑的是生计问题。好在此时的日本已处内战边缘，凭借着父亲的余荫，两兄弟很快便加入了萨摩藩所组建的海、陆新军。1867年年末，东乡平八郎以三等炮术士官的身份，登上萨摩藩花费16万两白银从英国人手中购买的木制明轮战舰"春日丸"。而他的首次任务，便是前往德川幕府控制下的大阪，接出可能被扣为人质的萨摩藩人员。

奋进和蹉跎

○ 东乡平八郎跟随"春日丸"离开鹿儿岛之时，以萨摩藩和长州藩为首的"倒幕派"已与德川幕府正式交火。江户、京都、大阪方面萨摩藩士及其家属分别乘坐"翔凤丸"与"平运丸"撤离，两舰与前来接应的"春日丸"会合后，于1868年1月24日进入兵库港，预备撤回萨摩。但幕府海军随即出动"开阳""蟠龙丸""回天丸"进行拦截。

○ 为了不成为幕府的俘虏，萨摩海军唯有突围。27日凌晨，萨摩三舰冲出港口，其中"春日丸"以缆绳牵引着"翔凤丸"。次日，这支小舰队在阿波冲海面被幕府海军的"开阳"追上，"阿波冲海战"爆发，是为日本近代海战之始。值得一提的是，此役，"春日丸"上有三位未来的日本海军元帅参战，除东乡平八郎以外，日后指挥"云扬"炮艇逼迫朝鲜开国的井上良馨，此时是舰上二等士官，而甲午战争中的日本联合舰队司令伊东佑亨也从"翔凤丸"换乘到"春日丸"上协助兄长伊东佑麿作战。幕府海军虽小挫对手，但无力改变战争走向。随着幕府陆军在鸟羽、伏见战役中的惨败，末代幕府将军德川庆喜被迫放弃京都，最终于江户开城投降。

○ 德川幕府虽宣告覆灭，但内战尚未结束。会津藩主松平容保整备军火、改革兵制，准备和改名为明治政府军的"倒幕派"决一死战。东乡平八郎和弟弟东乡实武再度奔赴战场。十六七岁的会津藩士子弟们组成的"白虎队"与政府军战斗的故事脍炙人口，但很少人知道在会津城外，一个来自萨摩的17岁少年因为战争失去性命，他就是东乡平八郎的弟弟东乡实武。

○ 在会津的战争激烈进行的同时，旧幕府海军总裁榎本武扬率领"开阳"等8艘幕府残余军舰及诸多幕府遗老遗少逃往当时被称为"虾夷"的北海道，试图裂土自立。明治政府随即调集以美国抛售的南北战争所余装甲舰"甲铁"为旗舰，率领"春日丸"等三艘战舰北上。

○ 1869年5月6日的晨光中，停泊在"甲铁"北面的"春日丸"发现有一艘悬挂星条旗的军舰缓缓驶来。由于此时西方列强的舰艇可以在日本海域自由航行，因此"春日丸"上的东乡平八郎等人并未采取行动。不料这艘军舰突降星条旗，升起日章旗,径直冲向了"甲铁"。原来这艘伪装战舰正是榎本武扬派来的奇袭战舰"回天丸"。

○ "春日丸"回过神来,立即上前掩护"甲铁"。"春日丸"的近距离炮击令敌军吃了不小苦头。"甲铁"上不断喷吐火舌的机关炮也令敌方的突击队员纷纷被弹雨撂倒。眼见已无力回天,"回天丸"杀开一条血路逃回箱馆。虽未获得成功,但东乡平八郎仍觉得"回天丸"的奇袭是虾夷方面以弱胜强的唯一选择。甚至在未来的对马海战前夜,仍以"回天丸"舰长甲贺源吾的事迹勉励同僚。

○ 随着制海权的易手,明治政府军得以在虾夷登陆。榎本武扬也于5月18日献城投降。至此历时一年半的内战,以德川幕府及其残余势力的彻底失败而告终。

○ 对于自己未来的规划,东乡平八郎一度希望能解甲归田,留学英国成为一名铁路工程师。带着满腔的期望,东乡找到了萨摩藩出身的大久保利通,但却遭到无情的拒绝。据说大久保对东乡的评价是:"平八郎话太多了!不堪大用。"或许正因如此,日后的东乡平八郎寡言少语、皮里阳秋,被誉为"沉默的提督"。

○ 好在东乡的留学申请得到了西乡隆盛的支持。只是政府认为一名海军改学铁路太浪费,于是东乡平八郎与日本海军挑选的11名青年军官一道奔赴英伦。但他们抵达后才发现,英国政府并不同意日本人进入其皇家海军学院,他们即将就读的是商船学校。虽有被愚弄之感,但东乡平八郎还是秉承着"既来之,则安之"的精神,从头学习有关大海和舰船的一切知识。其中商船学校有关国际法的学习更在未来成为了他的护身符。

○ 1879年,东乡平八郎驾驶着"比睿"重归,而他登陆后的第一件事便是向着鹿儿岛的方向遥拜。因两年之前,促成他留学的西乡隆盛已因率领武士起义而战死沙场。平八郎后来曾说:"如果我没有留学海外,一定会追随西乡公的左右。"事实上他的两个哥哥也投身其中,长兄东乡实猗不顾年事已高,为西乡军运送补给,受伤被俘,有赖于是军属而保全了首级。而过继给小仓家的三哥壮九郎则战死沙场。

走过甲午

○ 1884年,36岁的东乡被任命为"天城"舰长。1889年晋升为海军大佐。其间还一度调任为第二海军区参谋长,以培养组织和指挥有相当规模的海军兵力的综合能力。而在甲午战争前夜,东乡平八郎最著名的事件还是干涉"夏威夷政变"。1893年,侨居夏威夷的美国农场主借口夏威夷利留卡拉尼女王违背宪法,强行将其废黜。在夏威夷当地有数千名日本侨民,日本政府随即调集东乡平八郎所指挥的"浪速"赶赴夏威夷与美国海军对峙。但

● 留学期间的东乡平八郎

特集・甲午海战，再认识

● 晚年的东乡平八郎

日本政府自知国力仍不足以与美国开战，最终选择了退让。

○ 放弃争夺夏威夷之后，日本全力投入与清朝逐鹿朝鲜半岛的争夺。1894年朝鲜东学党起义爆发，日本借口清朝单方面出兵而挑起战端。而中日两国的首次军事冲突便是东乡平八郎所参与的丰岛海战。日本海军利用晚清北洋水师为陆军运输队护航之际，集中"吉野""浪速""秋津洲"三艘新锐战舰为"第一游击队"，试图一举歼灭北洋水师的"济远"和"广乙"。但战局的发展却一度令人大跌眼镜。海战开始之初，"吉野"并未占到什么便宜。与此同时"广乙"也冲入日本海军战列，隔断"吉野""浪速""秋津洲"的联系。作为福建船政局自行建造的"穹

甲巡洋舰"，"广乙"又称"鱼雷快船"，可谓是杀机暗藏。慌乱间"吉野""浪速""秋津洲"只能紧急躲避，一时间出现了日军三艘主力战舰被排水量仅为1030吨的"广乙"赶得到处跑的滑稽场面。如果此时"济远"能抓住有利战机，发挥其重炮优势掩护"广乙"施行鱼雷攻击的话，丰岛海战的结局可能将会改写。但此时，"济远"却选择溜之大吉。

○ "广乙"顿时成为日本"第一游击队"的焦点。此时战场已被浓烟笼罩，"浪速"在烟雾中突然发现"广乙"已逼近到距离自己不足400米处，舰长东乡平八郎吓出一身冷汗，一面命令"浪速"全速躲避，一面将所有舰上的所有火力集中到"广乙"。要说东乡平八郎的运气着实不错，不仅在"阿波冲海战"中逃过一劫，1892年更由于和西乡从道、山本权兵卫的同乡之谊躲过"裁员下岗"，还一跃成为"浪速"舰长。这次东乡平八郎再次"人品爆发"，在"浪速"疯狂扫射之下，"广乙"舰桥中弹，不得不撤退。而"浪速"仅被炸飞备用锚和锚机。

○ 击退"广乙"后，"第一游击队"重组阵营，而就在此时丰岛海面上又出现了两股烟柱。随着距离的接近，日本海军发现与自己迎面相遇的是毫无战斗力的英国货轮"高升"，和北洋水师的旧式木质炮舰"操江"。

○ "操江"虽名义上是战舰，但航速仅8节，武备也只有5门旧炮，担负的是运输任务。在接近丰岛水域时，"操江"和"高升"不期而遇，结伴航行。在"秋津洲"的炮击威慑之下，"操江"选择了投降。但"高升"上的中国军人却表示"我辈同舟共命"，宁死不屈。身为"浪速"舰长的东乡平八郎，此时可能还未从"广乙"带来的恐惧中走出来，竟下令向民用船只

● 伊东东乡纪念馆
东乡平八郎晚年所住寓所。这处宅邸是为东乡平八郎的夫人疗养而于1929年建造。东乡过世后,此处一时成为海军军官的休养场所,不过战后彻底作为"东乡纪念馆"而开放。因地处伊东市,后更名为"伊东东乡纪念馆"。

"高升"发射鱼雷,并用舷炮屠戮甲板上聚集的中国官兵。日本海军的暴行引起了附近海域围观的西方军舰的不满,英、法、德三国战舰事后共救起中国官兵241人。英国国内舆论更是一片哗然,要求日本方面"立即罢免并拘捕'浪速'舰长"。
○ 面对舆论压力,东乡淡定地表示:自己的战舰击沉多次明令停船而拒不执行的商船,合乎国际法。而此时英国政府已确定了"扶植日本,对抗中俄"的既定战略,一干御用"专家"与"教授"随即在报纸上公开为东乡辩护,英国政府最终裁定日本在击沉"高升"的问题上,不需承担任何责任。
○ 丰岛海战之后,东乡平八郎又指挥"浪速"跟随联合舰队主力参与了黄海海战、护航陆军登陆旅顺侧翼,以及围攻北洋水师威海基地等诸多战役。其个人军旅生涯,待到未来的日俄战争之时更加步入辉煌。但如同所有被冠以"名将"光环的军人一样,无论是"一生俯首拜阳明"还是"土耳其的东乡大街",这些戏剧性的传说均已在岁月的洗礼下成为了一个模糊的背影。留在历史镜头里的东乡最后的样子,也许只是那个在自己家庭院里发明日式马铃薯炖肉,和老伴拌嘴的怪老头而已。

特集·甲午海战,再认识

李鸿章　悲情甲午

李鸿章　甲午の年の悲しみ

赵焰 / text & picture courtesy

18

□在草约上签字时,李鸿章突然想起,在他临行前,恭亲王率领全体军机入奏皇帝的奏折上有这样一句话:中国之败全由不西化之故,非鸿章之故。李鸿章当时差一点老泪纵横。

● 李鸿章和家人

一个身败名裂的赌徒

○1894年冬,天降大雪,滴水成冰。在东北,空气中散发着雪的凛冽,也散发着血的腥味,整个战场遍布着绝望。10月24日,日军在辽东半岛南岸的花园口登陆,清军竟然毫无察觉。11月5日,日军进攻金州,驻守金州的清军将领徐邦道向驻守大连的守将赵怀业请求援助,但此时,赵怀业早就逃得没有人影。恼怒的李鸿章在得知情况后,命令刘盛休部和晋军提督程之伟部火速赶往大连。刘盛休的回答是:部队的枪支弹药在鸭绿江边都丢失了,无法上阵;晋军程之伟部传来的消息则是:为防腹背受敌,部队已主动撤退。李鸿章气急败坏,他在给前方将领的信札中大发雷霆,如果战争再失败,就让他们"投海自尽"。

○11月7日,大连陷落。日本军队获取了大量的军需物资,包括621支枪、129门大炮、3 300万余发枪弹、250万发炮弹。黄昏时分,城内漫天大火,风雪之中,日军把中国百姓不分老幼赶到城外进行报复性屠杀,鲜血将护城河上的薄冰融化。同一天，60岁的慈禧在紫禁城庆祝她的"万寿吉日"。后来的内务府账本上记载着为慈禧过生日所花费的银两，总共在1 000万两白银之上。那一天早晨，慈禧心情无比之好，她身穿缀满珠宝的礼服，显得华美雍容，青春焕发。韶乐声中，皇帝、皇后以及文武百官分别行跪拜大礼。李鸿章没有参加这样的盛典，仍在天津指挥着前方战事，他心急如焚、焦头烂额，24小时内竟发了16封电报！

○ 可以说，在甲午战争中受打击最大的就是李鸿章了。战场的主力，几乎都是他的淮军嫡系。那段时间，李鸿章不时地听到一个又一个晴天霹雳。他的朋友吴汝纶曾经回忆说："平壤之败，李相国痛哭流涕，彻夜不寐……及旅顺失守，愤不欲生。"甲午战争结束，李鸿章就像一个身败名裂的赌徒，将自己所有的家当和名声输得干干净净。

悲怆与耻辱的抉择

○ 朝廷向日本提出了议和的倡议。恭亲王试探着让李鸿章前去日本议和，伤心而绝望的李鸿章当然不想出面，回信说："在下与张荫桓等人再三商量，觉得现在只想派一名忠实可信的洋员前往，既容易得知对方的意图，又不会引起对方的怀疑。"李鸿章准备派德国人德璀琳去谈判。伊藤博文与陆奥宗光商定不见德璀琳，迫使中国政府派出更有资格的代表。1895年2月1日，清政府又派张荫桓和邵友濂二人赴日，到达日本人指定的谈判地点广岛。第二天，双方互换国书。伊藤博文发现张荫桓和邵友濂所携带的国书文字中有"一切事件，电达总理衙门转奏裁决"内容，认定二人授权不足，与国际谈判惯例不符，拒绝与他们谈判。伊藤博文问清国使团随员伍廷芳："你方为什么不派遣重臣来呢？请问恭亲王为什么不能来敝国？"伍廷芳答道："恭亲王位高权重，无法走开。""那么李鸿章中堂大人可以主持议和，贵国怎么不派他来？"伍廷芳随之反问："我今天是和您闲谈，那我顺便问问，如果李中堂奉命前来议和，贵国愿意订约吗？"伊藤博文自然能够听出伍廷芳的弦外之音，回答得也是滴水不漏："如果中堂前来，我国自然乐意接待，但还是得符合国际惯例，必须拥有全权。"

○ 被逼无奈的李鸿章此时仍不想赴日，他通过驻英公使龚照瑗向英国外交大臣金伯利透露自己的委曲，并请金伯利从中斡旋，认为日本不应该拒绝张荫桓，因为此人曾任驻美公使，有很丰富的外交经验。金伯利劝慰李鸿章说："日本自然要求全权大臣是一个名位显赫的人物。在我看来，为了大清的利益，无论如何李中堂都应承担此项任务。虽然这可能是一项相当艰巨的任务，我也同情你勉为其难，但相信你愿意为自己的国家做出这样一项重要贡献。"

○ 1895年2月22日，李鸿章只好奉旨进京。日本人再次向清政府表示，如果要和谈，不仅要清政府赔款和承认朝鲜独立，而且要求割地！慈禧气急败坏，借口肝气发作，对于议和一事，不愿表态，王顾左右而言他。进京次日，光绪帝在乾清宫召见李鸿章并诸大臣，围绕是否割地问题，朝廷意见不一，乱作一团。翁同龢依旧信誓旦旦地空谈，宁愿赔款绝不割地。恭亲王奕訢为首的一干大臣则认为，如果不答应割地，日本人恐怕不会与清廷议和。现在形势危急，日本军队的锋芒已指向北京，为保京师无恙，只能顺从日本人的心愿。

○ 3月4日，光绪正式发出了全权证

书，宣布李鸿章为头等全权大臣，予以署名画押之全权。14日，李鸿章等人乘坐德国轮船"礼裕"与"公义"，悬挂"中国头等议和大臣"旗帜，启程直奔日本马关。随从出访的有李鸿章嗣子李经方，随员伍廷芳、马建忠，以及美国顾问、前国务卿科士达等……李鸿章就是这样带着悲怆与耻辱，来到了日本马关。

步步紧逼

○ 那段时间，位居太平洋当中的日本列岛洋溢着节日的气氛。日本报纸把这场戏剧性的胜利比喻成两千多年前越王勾践对吴王夫差"卧薪尝胆"的复仇。对于中国的文化和历史，这个岛国一直耳濡目染，熟悉得甚至胜过自己的历史。几乎每个日本城市的街道边，都悬挂着各式各样的标语和横幅，每天早晨或傍晚，很多人都自发地聚集在一起，举行一场游行庆贺一下。有时，他们也排列着各种各样的方阵——马车方阵上，有身着节日装束的神父、欣喜若狂的孩子、市议会的议员；花车上，有人用竹竿挑着纸糊的或柳条编成的人头，那代表被斩首的中国人。繁闹的狂欢中，也有很多事故产生：酗酒打架时有发生，一些浪人更是趁火打劫，偷窃钱财，甚至调戏良家妇女……总而言之，在那段时间里，整个日本都在进行着一场狂欢，一些稀奇古怪的事情也在这样的狂欢中上演了。

○ 马关，这个无足轻重的小地方，更是狂欢的焦点。当马关成为日本和清国谈判地点的消息传出之后，有很多日本人从四面八方专程赶到这里，他们当中有记者，有贵族，而更多的，则是各界平民。他们和当地人一起，每天守候在清国使团来来往往的路上，举着国旗，喊着口号。然后，他们就从报章上寻觅一切有关谈判的消息。他们关心着谈判的进展，关心着自己国家的命运，也关心着那个从清国来马关的首席谈判大臣的一言一行。

○ 马关议和之地春帆楼，本是日本医生藤野玄洋于1862年开办的诊所。春帆楼地处高地，风景秀丽，附近有一处温泉可供休养。藤野玄洋医生死后，其女美智子不通医术，但独具慧眼，在这里开办了一家河豚料理店。伊藤博文选定"春帆楼"作为中日谈判地点，显然，他就是想在这个诗情画意的地方，轻松地吃下清国这条鲜美的"河豚"。

○ 1895年3月20日午后2时半，李鸿章一行登上春帆楼。春帆楼上，放着一长方形会议桌，旁边摆放着十多把椅子。日方还特别在李鸿章的座位边安置了一个痰盂，大约有意无意地提醒着大家，这位清国全权大臣已值暮年，垂垂老矣。伊藤博文为谈判颁布了四条规定：除谈判人员外，任何人不得进入会场；各报报道必须要经新闻检查后方可付梓；除官厅外，任何人不得携带武器；旅客出入，均需由官厅稽查。此外，伊藤博文还

● 马关春帆楼

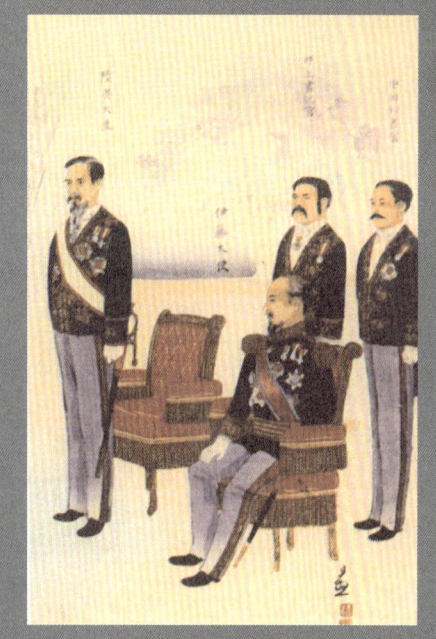

● 李鸿章与伊藤博文等会面

特别宣布：清政府议和专使的密码密电，均可拍发，公私函牍概不检查。从表面看上去，好像日本人对李鸿章和清国使团非常客气，其实，日本人已成功破译清廷的密码，在谈判过程中甚至了解到清国使团此次来日本的赔款底线是2亿两白银，因此早就成竹在胸。

○ 3月21日，在与李鸿章的首次谈判中，伊藤博文向李鸿章提出的停战条件是：日军占领大沽、天津、山海关一线所有城池和堡垒，驻扎在上述地区的清朝军队要将一切军需用品交与日本军队；天津至山海关的铁路由日本军官管理；停战期间日本军队一切驻扎费用开支由清政府负担等等。伊藤博文明白，山海关、天津一线如果被日军占领，将直接危及北京安全。这个停战条件是清政府万万不会答应的。如果这一条件被清政府驳回，日本正好就此再战。尤其狡猾的是，伊藤博文此时隐藏了日军正向台湾开进的事实，企图在日军占领台湾既成事实后，再逼李鸿章就范。

此血可以报国矣！
○ 春帆楼上，中日两国代表唇枪舌剑，谈判僵持不下。恰在此时，一桩突发事件改变了谈判的进程。

○ 3月24日下午4时，中日第三轮谈判结束后，满腹心事的李鸿章步出春帆楼，乘轿车返回驿馆。谁知，就在李鸿章乘坐的汽车快到驿馆时，人群中突然蹿出一名日本男子，在卫兵未及反应之时，朝李鸿章脸上就是一枪。一时间，现场大乱，行人四处逃窜，行刺者趁乱潜入人群溜之大吉，躲入路旁的一个店铺里。

○ 李鸿章左颊中弹，血染官服，倒在血泊

● 甲午谈判中枪后的李鸿章

之中。随员们赶快将其抬回驿馆,由随行的医生马上进行急救。幸好子弹没有击中要害。过了一会儿,李鸿章苏醒过来,他显得异常镇静,除了安慰随行外,不忘叮嘱随员将换下来的血衣保存下来,不要洗掉血迹。面对斑斑血迹的官服,73岁的李鸿章算是找到了一点安慰,他一声长叹:"此血可以报国矣!"

○ 李鸿章的伤口在左眼下一寸的位置。子弹虽然留在了体内,但并没有伤到眼睛。德国驻日公使馆的医生赶来为他看病。各国医生会诊之时,日本医生建议开刀,但德国和法国医生坚决反对。理由是既然这颗子弹对李鸿章眼睛的正常功能无害,不如暂时留在体内,如果贸然开刀,将会危及李鸿章的性命。

○ 李鸿章在日本遇刺引起了国际舆论对日本的强烈谴责,日本国内一时陷入非常被动的局面。伊藤博文闻讯后发怒道:这一事件的发生比战场上一两个师团的溃败还要严重!他最担心的是虎视眈眈的西洋各国借机挑起对日本的战争,趁火打劫,坐收渔人之利。警方很快抓到了凶手。经审讯,此人名叫小山丰太郎(又名小山六之介),21岁,是日本右翼团体"神刀馆"的成员。他不希望中日停战,更不愿意看到中日议和,一心希望将战争进行下去,所以决定借刺杀李鸿章,挑起中日之间的进一步矛盾,将战争进行到底。小山丰太郎的想法与日本政府此时的意图大相径庭。日本政府本来拟就的谈判方略是,借战争逼迫清政府签订不平等条约,然后见好就收。毕竟,日本也在甲午战争中耗尽了力量,小山丰太郎的行为恰恰无异于授人以柄。

○ 4月10日,李鸿章伤势稍好转之后,面缠绷带,又回到了谈判桌前,中日双方就甲午战争展开第五次谈判。由于李鸿章受了枪伤,日方做出了一亿两白银的让步。李鸿章苦笑,这一枪挨得值了。但他不甘心于此,向日方讨价还价:"总之,现讲三大端,二万万为数甚巨,必请再减;营口还请退出;台湾不必提及。"

○ 伊:"如此,我两人意见不合,我将改定约款交阅,所三只能如此。为时太促,不能多办。照办固好,不能照办,即弃驳还。"

○ 李:"不许我驳否?"

○ 伊:"驳只管驳,但我主意不能稍改。贵大臣固愿速请定和约,我亦如此。广岛有六十余只运船停泊,计有二万吨运载,今日已有数船出口,兵粮齐备。所以不即出运者,以有停战之约故耳。(威胁)"

○ 李:"停战期满,可请展期。"

……

○ 李:"赔款还请再减五千万,台湾不能相让。"

○ 伊:"如此,当遣兵至台湾。"

○ 李:"我两国比邻,不必如此决裂,总须和好。"

○ 伊:"赔款,让地,犹债也。债还清,两国自然和好。"

○ 李:"索债太狠,虽和不诚。前送节略实在句句出于至诚,而贵大臣怪我不应如此说法,我说话甚直,台湾不易取,法国前次攻打尚未得手,海浪涌大,台民强悍。"

○ 伊:"我水师兵并不论何苦皆愿承受,去岁北地奇冷,人皆以日兵不能吃苦,乃一冬以来我兵未见吃亏,处处得手。"

……

○ 中堂起席,与伊藤作别,握手时再请将赔款大减,伊藤笑而摇首云不能再减而散。在谈判过程中,李鸿章还开玩笑地提及要聘请伊藤博文当任清国宰相。

●《马关条约》谈判

○ 李鸿章："（微笑）愿向我国政府建议，礼聘阁下为敝国宰相如何？"
○ 伊藤博文："（亦微笑）敝人一身已献给我国天皇。如蒙陛下恩准，不拘何时，亦不拒绝为贵国竭尽微力。"
○ 李鸿章："如贵国皇帝陛下恩准，阁下能否应我国之礼聘？"
○ 伊藤博文："博文之区区一身，既已属于我皇帝陛下，如陛下不允，亦无可奈何，敝人或进或止唯皇帝陛下之命是从。如陛下恩准，敝人将不避艰难，舍身为贵国效力。"
○ 1895年4月17日，日清双方全权代表在日本马关春帆楼举行签约仪式，李鸿章与日本代表签订了丧权辱国的《马关条约》。条约规定：清政府承认朝鲜"独立自主"；割辽东半岛、台湾、澎湖列岛及附属岛屿给日本；赔偿日本军费白银2亿两；增开重庆、沙市、苏州、杭州为通商口岸；开辟内河新航线；允许日本在中国的通商口岸开设工厂，产品运销中国内地免收内地税。

○ 李鸿章在这份条约上签字的手，一定是颤抖无力的。在草约上签字的时候，李鸿章突然想起了他临行前，恭亲王率领全体军机入奏皇帝的奏折上有这样一句话：中国之败全由不西化之故，非鸿章之故。听着这句话，李鸿章当时差一点老泪纵横。当李鸿章踏上回国船只的甲板，他发誓不再踏上日本国土。两年后，李鸿章旅欧美归来，路过日本需要换船时，他仍坚持自己的誓言，让随从在两船之间搭上板桥，直接从这只船走到另一只船，坚持不踏上那片土地。

特集·甲午海战，再认识

重访，1894 的硝烟
1894年の硝煙を振り返る

陈晗 / text
一昴 / illustration

□ 1894 年 7 月 25 日，丰岛海战爆发，甲午战争拉开序幕。
□ 1895 年 4 月 17 日，中日签订《马关条约》，甲午战争宣告结束。
□ 有人说，这场战争彻底改变了两个国家的命运，因为清朝大败，割地赔款，在亚洲的地位急转直下；而日本却从此加入列强行列，走上强盛之路。
□ 因此，关于这场令众多国人不甘的战争的每一个细节，在这 120 年多间被无限放大。从战前两国冲突的苗头显露之地，到战中日本运筹帷幄的"大本营"，再到战后硝烟散尽时日本修建的种种纪念馆及神社……虽然其中一些已不复存在，但它们所凝聚的甲午记忆，已深深刻印在那片土地上。

长崎港

○ 1886年7月,清朝北洋水师前往朝鲜东岸元山进行操演,此举本为威胁俄国。回来时,舰队为了补给燃料、维修"定远号"等,在日本长崎港稍事停靠。尤其是"定远"正处于不得不修的情况,而当时的东亚,能够修理重量级"定远"舰的地方,只有长崎。

○ 于是,1886年,清军北洋水师的"定远""镇远""济远""威远"四艘军舰驶入长崎港。

○ 8月13日,500名清朝水军开始登陆。但上岸后,一些水兵却开始违法乱纪,前往风月场所寻衅滋事。长崎县出动警察进行镇压,然而长崎警察与闹事清兵却展开殴斗,双方均死伤甚众;14日,两方交涉,前一日的纠纷暂时平息,规定清朝水兵不得携带武器上岸;15日,清兵再次登岸,且携带棍棒及在当地购买的日本刀等,严重破坏前一日的契约,再次挑起双方纠纷,并演变为激烈械斗,均有死伤,其中还包括一些长崎平民。

○ 此事件后,经过双方的交涉与斡旋,最终通过双方互相赔款和平解决。然而,清朝在此事件中,自始至终采取强硬态度,最终赔款金额为日方52 500日元、清朝15 500日元,不如说是日本向清朝进行赔偿。之所以达成这样的结果,主要原因之一,即是当时中日海军实力对比悬殊,清朝水军仍占有显著优势,日本即使有种种不满,也不敢贸然宣战。

○ 不过长崎事件却实实在在地激起了部分日本国民的反清情绪。"打败清朝水军"、"打败'定远'舰"这些念头已经在他们的心中埋下种子。因此,称其为导致甲午战争爆发的"积怨"之一,也不为过。

长崎港
〒 850-0951
长崎县长崎市国分町3番30号
长崎港湾渔港事务所
☎ 095-822-1257

长崎造船所

○ 1886年的"长崎事件"中，清军停靠在长崎港的目的之一，即是将"定远"送往长崎造船所维修。长崎造船所现在的全称为"三菱重工业长崎造船所"。它的前身，其实是1857年诞生的"长崎熔铁所"，其实也是舰船修理工厂。1887年明治政府将其出让给三菱公司，"长崎熔铁所"开始正式作为民营造船厂，承担了多数舰船的建造任务。

○ 其实自明治开始，长崎就与三菱渊源甚深，甚至曾被称作三菱的"企业城下町"。三菱的创始者为土佐藩出身的岩崎弥太郎，幕末，岩崎曾效力于土佐藩在长崎设置的役所。明治维新后，他承接下土佐藩的汽船，以"九十九商会"之名开启了海运事业。"九十九商会"之后更名为"三菱商会"。1887年三菱接管长崎造船所后，在海运、矿产、造船三方面赢得了巨大利益，彻底稳固了三菱财阀的基础。

○ 在甲午战争、日俄战争、第一次世界大战等过程中逐步实现的海军强化政策，令三菱造船所发展迅速，大正年间，已成为世界知名造船所之一，造船量世界排名第三。三菱长崎造船所的发展，也与甲午战争后的造船奖励政策不无关联。

长崎造船所
〒 850-8610
长崎县长崎市饱之浦町 1-1
☎ 095-828-4121

广岛大本营

广岛大本营
〒 730-0011
广岛市中区基町 21-1（纪念碑址）

○ 1894 年中日甲午战争爆发，日本的临时作战大本营定于广岛县广岛市内的广岛城，这里成为甲午战争中日本军的最高统帅机关。大本营原本是于 1894 年 6 月 5 日建在东京的参谋总部，后于 8 月 1 日移至皇居内。其后，因为广岛站位于以东京为起点的铁道网的西端，且广岛港能够停泊大型船只，遂于 1894 年 9 月 13 日，正式将作战指挥中心即大本营，迁往广岛。两天后为了进行作战指挥，明治天皇也移驾广岛大本营。直到《马关条约》签订之后，明治天皇才返回东京，大本营为了处理战后事宜，暂时在广岛保留，至 1896 年 4 月 1 日正式解散。

特集·甲午海战，再认识

广岛临时议事堂

○ 1881年，明治天皇下诏书，宣布要于1890年开设国会。1885年，随着内阁制度的启用，国会议事堂也开始建设。不过出于预算不足等原因，正式国会议事堂的建设一直被推迟，直至第一次帝国议会（国会）召开的1890年时，仅建了一个临时国会议事堂。不过，初代临时议事堂竣工后仅两个月，便被大火焚毁。之后又为第二次帝国议会的召开，紧急重建临时议事堂。1894年，中日甲午战争爆发，作战大本营定于广岛，明治天皇也移驾广岛大本营。因此10月，第七次帝国议会临时改在广岛召开，为此建造的广岛临时议事堂是日本历史上唯一一个不在东京的国会议事堂。广岛临时国会议事堂建于广岛市中心，设计者为妻木赖黄，从设计到竣工仅花了20天。

广岛临时议事堂
〒 730-0011
广岛市中区基町 9-33（纪念碑址）

国会议事堂

○ 其后在东京也一直使用临时国会议事堂，直至1936年，终于建成正式国会议事堂，即现在位于东京千代田区永田町的这栋宏伟庄严的西洋风格建筑物。二战后《日本国宪法》制定，国会成为代表国家权力的最高机关，国会议事堂即象征国家最高权威的设施。并且，议事堂周边的私有土地也逐渐被国家收购，国会议事堂周围一带皆为与国会、政党有关的设施，成为了日本的政治中枢。

国会议事堂
〒 100-0014
东京都千代田区永田町一丁目7番1号
☎ 03-5521-7444

特集·甲午海战,再认识

日清讲和纪念馆
〒 750-0003
山口县下关市阿弥陀寺町 4-3
TEL 083-231-4697

日清讲和纪念馆

○ 1895年3月中日议和会议的会场,原本有长崎、广岛等多个候选地。不过,在会议举行一周前,伊藤博文宣布地点定为下关的春帆楼。3月19日会议召开,包括中方的李鸿章,日方的伊藤博文、陆奥宗光在内的两国11名代表出席。战争中连连获胜的日本,试图借机索求更多割地及赔款,因此双方迟迟未能达成一致。会议反反复复进行,直到一个事件的发生,突然加快了议和进程。

○ 3月24日晚,第三轮议和会议结束后,李鸿章从春帆楼返回住宿处途中,突遭暴徒枪击。明治天皇闻讯,下令"立即与之议和"。因此,4月1日会议再开,4月17日终于签下了讲和条约,即《马关条约》,在日本被称作"下关条约"。

○ 春帆楼其实是下关的一家料亭兼旅馆,位于下关市阿弥陀寺町。相传"春帆楼"由伊藤博文命名,为描绘"春天海上的帆船"的意象。1937年6月,在中日议和会议的历史舞台——春帆楼的旁边,开设了日清讲和纪念馆。纪念馆中展出了议和会议中用过的物品、两国代表伊藤博文与李鸿章的遗墨等,并重现了议和会议室的原貌。

ZHI JAPAN.

明治神宫

○ 1912年7月30日，明治天皇驾崩；1914年4月11日昭宪皇太后崩。1920年11月1日，为纪念明治天皇与昭宪皇太后的离世，修建了明治神宫。以清静森严的内苑为中心，外苑含圣德纪念绘画馆等设施，以及常作为婚庆等仪式会场的明治纪念馆。

○ 作为日本踏入新时期的第一位天皇，他在日本国民心中的地位，却不只是政治上的功绩那么简单。说起功绩，无论是发布《五条御誓文》、将年号改为"明治"、将江户更名为"东京"，抑或施行"版籍奉还"与"废藩置县"等新政府政策，这些举措究竟和明治天皇有多大的干系，其实不甚明了。那么明治天皇究竟因何俘获了国民的心？

○ 可能是他的人情味。对于发动战争，明治天皇一向不赞同，可有时却无力反对。1873年日本政府内曾掀起关于是否"征韩"的对立，是明治天皇明确反对征韩，平息此事；不过及至甲午战争之时，他的意见却已起不了作用。据《明治天皇记》记载，明治天皇说过："今次战争非朕本意。"他说这次战争，只是属于阁臣们的战争，甚至无颜在拜祭先祖时禀告。日俄战争中他的态度一如既往，只是仍旧无济于事。

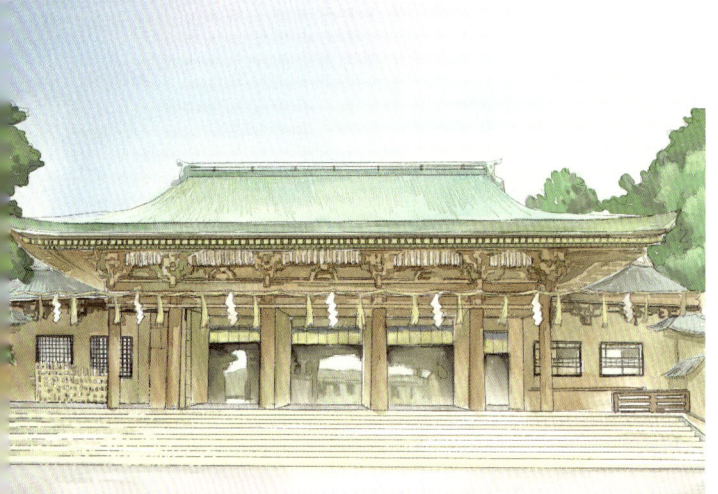

明治神宫
〒 151-8557
东京都涉谷区代代木神园町 1-1
TEL 03-3379-5511

特集·甲午海战，再认识

特集·甲午海战，再认识

东乡神社

○ 东乡神社的修建，是为纪念有"沉默的提督"之称、日本人心中的英雄"大东乡"、国际知名度最高的日本海军将领之一的东乡平八郎。

○ 东乡平八郎为日本海军元帅，出身萨摩藩。甲午战争中曾为日方主要军舰之一的"浪速号"的舰长。东乡平八郎于1934年逝于东京，为纪念他在甲午战争及日俄战争中的功绩，日本国民集资为其修建神社。1940年，东乡神社完工，只不过初建的东乡神社，已于1944~1945年间被美军炸毁。现在的神社为1964年重建的成果。

东乡神社
〒 150-0001
　东京都涉谷区神宫前 1-5-3
TEL 03-3403-3591

臥薪嘗胆
がしんしょうたん

- 甲午战争后,三国干涉还辽,日本被迫妥协。当时的日本以中国典故"卧薪尝胆"为口号,表面妥协退让,内在加紧扩张强化。这一招"卧薪尝胆",对日本的战后产生了很大影响。
- 卧薪尝胆本是中国成语,典出《史记》,含义无须多做解释。而在日本,"卧薪尝胆"一词却与甲午战争联系在一起。确切地说,是甲午战后。中日双方签订《马关条约》,中国被迫将辽东半岛割给日本之时,德、俄、法三国突然跳出干涉。日本国内虽对三国干涉极力反抗,然而还是以"卧薪尝胆"为口号,将辽东半岛交还给中国。不过此番"忍辱负重",也埋下了其后日俄战争爆发的伏笔。

战场背后的世界
戦場の裏世界

曹人怡 / edit　周淑娴 / photo

ZHI JAPAN.

插画图解
甲午·日俄战争

イラスト図解
日清·日露戦争
稻叶千晴 著

❖ 日本完成近代化，成为与西方列强比肩的先进国家的契机，是甲午战争和之后的日俄战争。该书通过插图的方式，从日本、清朝和俄国的海陆军部署开始，围绕政治、经济、社会、国际关系甚至文学等方面进行解说剖析。

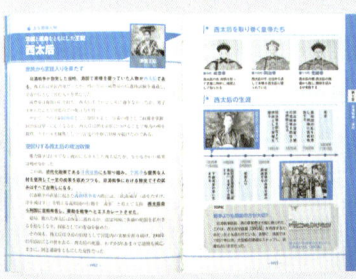

◇ 在日本人眼中，西太后慈禧是当时十分重要的人物之一。慈禧因生下皇子，稳固了在宫中的权利，这个颇有主见的女子在咸丰、同治和光绪三位皇帝在位期间，进行了不同程度的朝政干涉。战争失败后，慈禧逃往西安。某种程度上是由于她的独断，而缩短了清朝的寿命。在慈禧去世后不到三年，清朝走向灭亡。

◇ 签订《马关条约》后，中国大片领土遭到割让，刺激了其他国家瓜分中国的野心。中国台湾被分给日本，旅顺、大连被俄国占据，胶东半岛划给德国管理，威海卫、中国香港交给英国，澳门被葡萄牙占去，广州湾受法国管辖。一时之间，中国这个被称为"沉睡的狮子"的国家，完全成为了列强的食物。

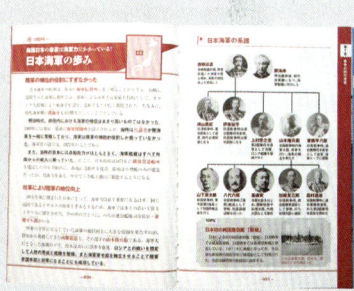

◇ 1869年，日本在东京筑地设立了海军操练所，当时的海军由陆军管理，仅作为陆军的辅助。1872年日本建立海军省后，海军的地位才渐渐提高。日本最初没有制造军舰的能力，只能通过向西方国家订购的方式充盈军备。1871年，日本政府宣布建设横须贺造船所，其他地区也陆续开设了各类造船所，日本终于有了独立建造主力舰船的能力。

特集·甲午海战，再认识

坂上之云
坂の上の雲

司马辽太郎 著

◇ 《坂上之云》是司马辽太郎历经十年,于1968 至 1972 年之间在《产经新闻》上连载的小说。题目意为顺着坡上升的云,主要讲述了在日俄战争中担任联合舰队参谋的秋山真之,号称『日本骑兵之父』的陆军军人秋山好古,以及著名文学家正冈子规这三位好友如何爬上山坡,望见日本美好前景的故事。『明知道不可能,却还要去尝试,这就是年轻人该做的。』文中这一句,说的就是当年的日本。《坂上之云》一幅崛起的青春画卷。迄今为止,《坂上之云》的发行量超过 2 000 万册,是一部打动了无数日本人的作品。

◇ 虽然《坂上之云》这部以明治时代为大背景的小说聚焦在与主人公秋山兄弟关联至深的日俄战争,但对于甲午战争也有详细的描写。文艺春秋出版社出版的《坂上之云》文库本系列丛书的第二卷,详细介绍了甲午战争。

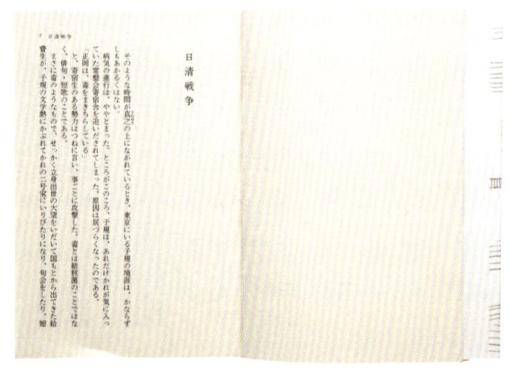

◇ 与中日双方海域上的激战相对,远在东京的正冈子规身边也像发生了一场战争。"'正冈正在散发毒气。'寄宿生们都这样攻击着正冈。所谓的毒不是肺结核这样的病,而是指短歌和俳句。"

甲午·日俄战争和写真报道

日清·日露戦争と写真報道

井上佑子 著

◇ 日本第一次在报纸上登载照片是在明治二十三年（1890）；明治三年（1870）创刊的《横滨每日新闻》将帝国议会议员的照片登在了附录中。明治三十七年（1904），《报知新闻》又将女明星的照片登在了正文。经过一百多年，我们早已习惯杂志与报纸上有照片、文字相配，这类照片被称作『报道照片』。其中，战争照片是『报道照片』里一个很重要的主题，一旦战争爆发，参战国民众会时刻聚焦这关乎自己生活的战局，参战士兵的家属也急需了解战场动态、确认亲人的平安。甲午战争爆发时，别说电视与录像，就连广播都无法使用。由此，照片成了传达战场消息的手段。

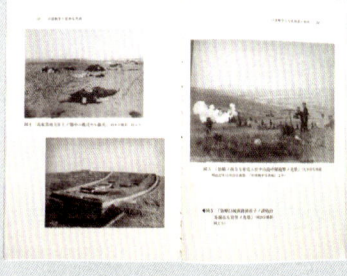

◇ 1894年，日方在平壤之战和黄海海战中获胜后，于9月21日组建了从军写真班，由大尉外谷钲次郎与测量员两人、雇员两人、器具搬运员四人共计九人组成，从属于军队大本营。写真班在初期遭遇了很多困难，由于大型器材的搬运非常耗时，写真班经常无法和主战部队共同行动。战场光线不足或风雨交加的情况都直接影响到照片质量。即使如此，写真班仍在有限的条件下留下了许多珍贵的照片。

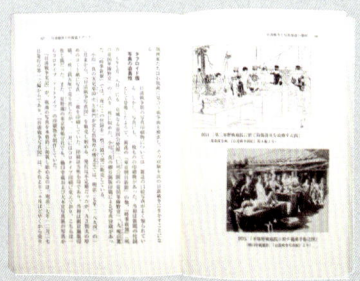

◇ "风俗画报"主要指根据战争照片创作的版画。甲午战争爆发后，版画逐渐发展起来。比起完全再现实景的照片，版画可以加入创作者的想象。"风俗画报"的真实性有待商榷，比如《日清战争图绘》中蓬斋洗圭绘制的《第二军野战时期于医院治疗负伤清兵》一图，被认为是旅顺之战之后的事情，但事实上却是仿绘了《日清战争写真帖》中樋口宰藏拍摄的平壤之战的照片。

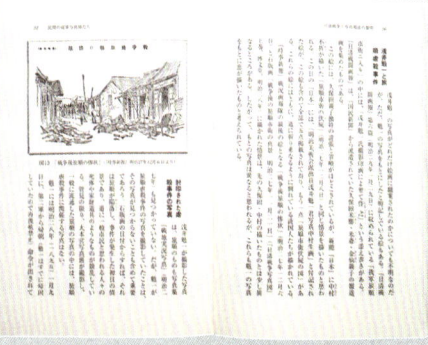

◇ 浅井魁一从东京外国语学校朝鲜语专业毕业后，在著名摄影师小川一真门下学习摄影，之后也曾自立门户开过照相馆。他先后参与甲午战争和日俄战争的战地拍摄，属于参军时间较长的摄影师。

◇ 浅井魁一与堂兄浅井忠曾一起为《时事新报》提供素材，浅井魁一负责照相，浅井忠负责绘画。奇怪的是，有关旅顺战后的场景，虽有不少浅井忠绘制的版画留存下来，但是作为模板的浅井魁一拍摄的照片却不见踪迹。旅顺之战后，日军在旅顺城内进行了四天三夜的抢劫、屠杀和强奸，死难者约两万人。虽然在版画中可以看到尸体横街、财物凌乱的悲惨景象，却无法找到和旅顺屠杀有关的照片。也许是由于照片展现的实景过于惨烈，暴露了旅顺之战并非"义战"的实情，而被彻底销毁了吧。

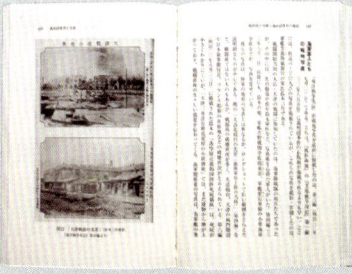

◇ 除了专业摄影师，实际参战的军人们也留下了不少战地照片。与摄影师的角度不同，军人们多采用远景的形式拍摄战争过后的残垣断壁。有些海军还会拍摄舰船上的队员们，类似于纪念照。也许正因为这些军人实际参与过战斗，才拍摄出了极具临场感的照片。

日本海军70年史

日本海軍70年史

❖ 日本海军自1872年创立至『二战』结束，总共走过了70年左右的岁月。经历过甲午战争、日俄战争和太平洋战争，逐渐成长为能与英美列强比肩的强大军队。虽然有关日本海军的资料非常丰富，但多为黑白照片。《日本海军70年史》利用CG上色技术将黑白照片还原成彩色，展现出日本海军70年的历程。

—— 比睿号 ——

◊ "比睿号"于明治十一年（1878）在英国建造，名字源自日本京都府和滋县境内的比睿山。同年五月被编为"金刚级"[1]二号舰，主要负责沿岸警备工作，参与过甲午战争和日俄战争，是明治海军初期的代表军舰。

---

1 金刚级战列巡洋舰：日本海军建造的战列巡洋舰类型。同级舰有四艘：金刚号、比睿号、榛名号、雾岛号。

―――― 镇远号 ――――

◊ 曾被称为"东洋第一舰"的清朝军舰"镇远号"在甲午战争中受到重创,之后参加了威海卫之战。在进港时因不慎触礁受创,又因旅顺船坞被日军攻占而无处修理,不可能再出海作战,最终在北洋水师覆没后被日本联合战舰俘获,编入日本海军,成为二等战舰。后出战日俄战争,于1911年退役除籍。

―――― 吉野号 ――――

◊ 据称是当时最快的军舰,在甲午战争中作为主力军舰参加了丰岛海战和黄海海战。

◊ 明治海军的初期舰船,大多是旧幕府海军舰船的残存,训练兵员的场所也是幕府操练海军的旧所。可以说,日本海军的基础就是幕府海军。明治五年(1872),东京创立海军省,日本海军的历史正式拉开序幕。

特集·甲午海战,再认识

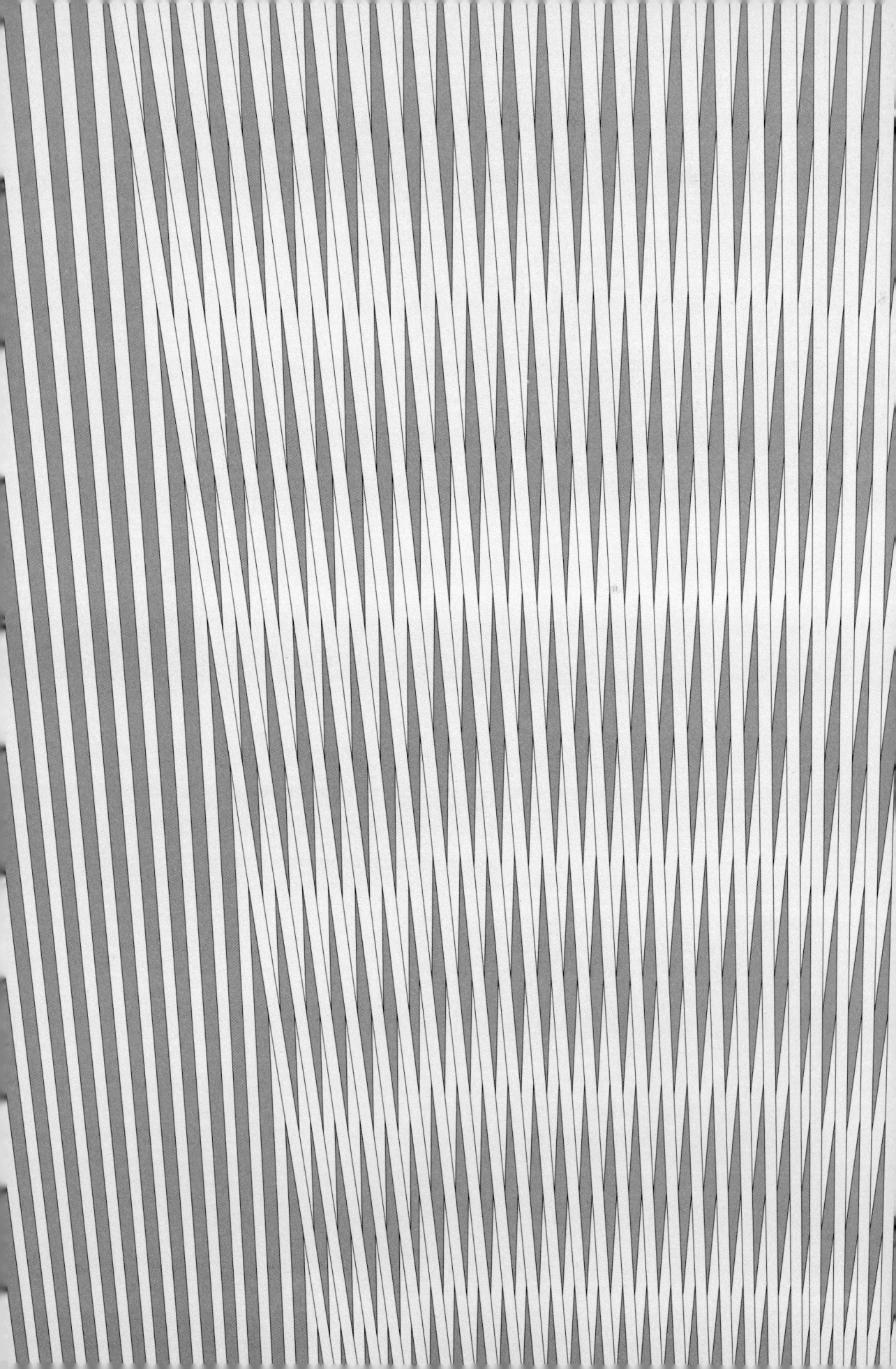

题 府 基 之

爱 的 诗 句

题府基之 Lovesody

张 艺 / *interview & text*
题 府 基 之 / *photo courtesy*

题府基之

1985	出生于东京。
2007	毕业于东京 Visual Arts 夜间部
2007	入围写真 3.3m² 展（ひとつぼ展）
2008	在东京 Nikon Salon（ニコンサロン）举办个展 "Family"
2012	"Lovesody" 展在纽约 Lombard-Freid Project 举办
2012	摄影集《Lovesody》由纽约 Little Big Man Books 出版
2013	摄影集《Project Family》由纽约 Dashwood Books 出版

● 题府基之的 "Family" 系列取材于自己的家人。在一间狭小的公寓里，7个人和1只猫一起生活。摆满瓶瓶罐罐的厨房餐桌旁，母亲夹起一大夹面条，妹妹在一旁呆望；房间里四处挂满衣物，父亲坐在一角玩电脑，母亲躺在旁边的床上；兄弟姐妹占满了房间里不大的空间；有人将塑料袋套在头上，倒在摆放凌乱的桌上睡觉；兄弟二人懒散地坐在床边，一个面朝镜头，目光却朝向另一边，另一个正在合眼睡觉；父亲穿着白色汗衫在屋内走动；弟弟满脸倦意地刷牙……题府基之将这个系列命名为"家族是耻骨，要用美丽的短裤来遮挡"（The family is a pubis. so I cover it with pretty panties.），却将家族里里外外不加修饰的姿态展露在外。日系摄影中最不缺乏展现温馨场面的家族摄影，题府基之却将家族称作"耻骨"，并将这个"耻骨"暴露在画面中。对比温馨的"糖水片"，也许有观众会难以接受题府基之的"混乱"（题府基之将之称为"混沌"），甚至会以一种猎奇的心态来看待他的照片。

● 观察照片的细节，鲜活的生活景像是活火山爆发一般，难以收纳的衣物四处堆放，吃剩的饭碗、用去一半的调味料和生活杂物一起摆满桌面，Hello Kitty 的贴纸和各种单据被贴在冰箱上，储物柜被塞得满满当当，柜子上和天花板之间的空隙也被占据，杂物、家具、家人之间形成了有趣的关系，这些生活细节的传递，勾勒出这一家人的日常生活。

● 别忘了，题府基之也是家族的一员，一起生活了几十年，彼此之间再熟悉不过，题府基之的父亲也是一位摄影师，一家人早已将他的镜头视为空气。荒木经惟强调拍出好照片就是要融入到当时的环境、与拍摄对象融为一体，题府基之的照片顺理成章地做到了这一点。

● 题府基之的另一组照片叫作"Lovesody"，综合了"love"与"rhapsody"（狂想曲）。照片的拍摄对象是自己的女友，她是一位单亲妈妈，肚子里还怀着另一个孩子，与"Family"系列一样，"Lovesody"就像一本生活日记，题府基之在这本日记中，记录了孩子从未出生到出生后的一段时间，以及与这个特殊家庭一起生活的瞬间。"Lovesody"在纽约展览时受到《纽约客》与《纽约时报》的高度评价，这组将"私摄影"的亲密性发挥到极致的作品，让观众可以透过五感去探寻照片背后关于爱的蛛丝马迹。

p.134-140
● Untitled (Lovesody)
2010

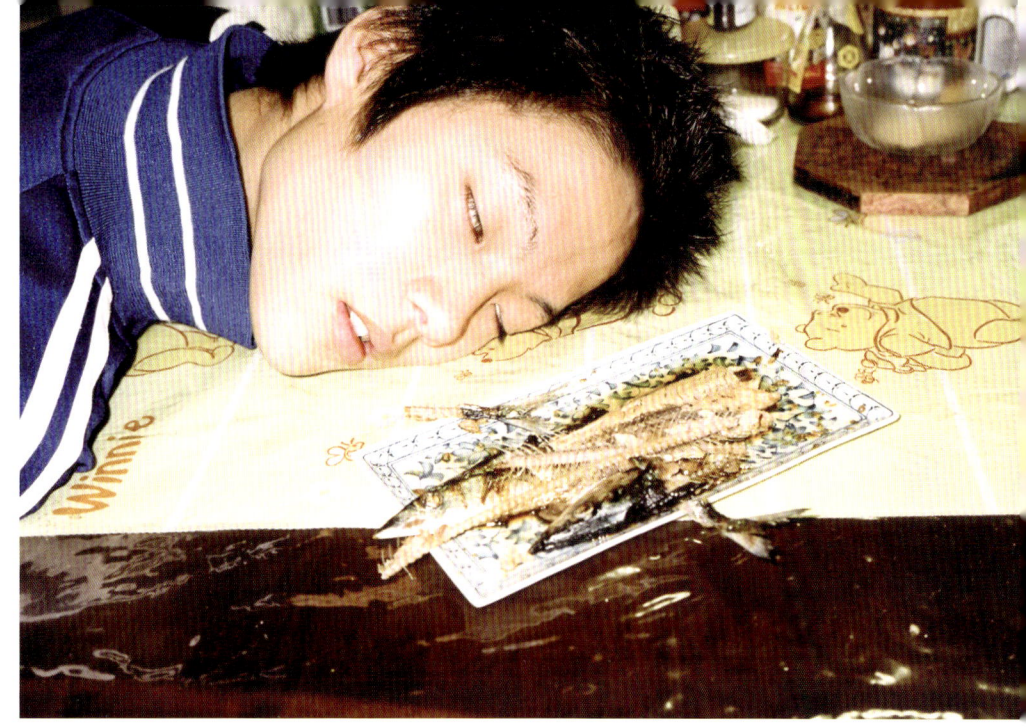

p.141-145
● Untitled (Project Family) 2010

regulars

interview 题府基之

"一起生活一起约会的过程中拍摄"

知日○你曾经是学画画的,原本是想成为设计师,为什么开始拍照片了呢？

题府基之□当时并不是非要成为设计师不可,只是在高中毕业后的一年考虑人生方向时,自然而然地导向了摄影。

○你的作品有很强烈的时尚感,据说是受到了时尚摄影师 Juergen Teller 的影响,你一开始是想成为时尚摄影师吗？

□我并不是时尚摄影师也不想成为时尚摄影师。我在 2011 年的时候说过我喜欢 Juergen Teller,那只是当时的想法。

○"Lovesody"是关于 20 岁的母亲和两岁的儿子一起生活的记录,为什么拍摄这个特殊的家庭？与这位母亲是如何相识的？

□因为常常会和她一起工作,就这么认识了。单纯是与喜欢的人交往,拍照片。女朋友是一定会拍的。

○"FAMILY"系列是如何开始的呢？为什么拍摄自己的家人？

□我的风格就是喜欢拍摄身边的人,所以一起生活的家人自然就成了我的拍摄对象。

○"FAMILY"系列呈现了家族最日常的样子,你想通过这个系列表达怎样的状态呢？为什么把这个系列称作"混沌"？

□大概是因为我想把写实的东西拍得抽象的缘故吧。"混沌"一词也许单纯是因为喜欢。看的人大多会着眼于家族这个主题上,而我觉得这之外的东西更加重要。

○因为你总是拍摄身边的人和日常风景,能感觉到你与他们的关系是很密切的。你在照片中传达了怎样的情绪和讯息？

□没有特别想过在照片中投入怎样的讯息。硬要说的话,应该是尽可能地排除自己的个人情绪。这是在拍摄身边的事物的照片时(表现出的)新侧面。

○最近,私摄影非常流行,比如拍摄自己的朋友、恋人、家人、孩子……作为拍摄这个题材的摄影师,你怎么看待私写真呢？

□我不太清楚私摄影是否流行,我一直觉得拍摄自己身边的人是非常普通的事情。我被归类于私摄影也没有办法,我想从中表现出自己的侧面。

○在拍摄亲密的对象时,在拍摄现场需要你引导他们吗？拍摄时的氛围是怎样的？

□总之就是拍摄。不是所谓的摄影现场,而是在一起生活一起约会的过程中拍摄。

○《Lovesody》和《Project Family》都在海外出版了,并且举办了个展。你的作品在海外的评价与在国内有何不同？

□在日本受到何种评价我不是很清楚,但感觉在海外反而受到了非常高的评价。

○在 SPACE CADET 的采访中,你曾说为了寻求刺激而时常去看摄影展,,最近去看了怎样的摄影展？

□SPACE CADET 的采访是很久之前的了,最近的想法又有了改变,不太去摄影展反而觉得现代美术的展览更加乐趣无穷。

○ 最近有喜欢的艺术家或者去看了什么有趣的展览吗？

□ 前段时间在伦敦的 Tate Modern 举办的 Richard Hamilton 的展览非常有意思。

○ 目前为止的照片构图都是凭感觉吗？有没有固定的习惯？

□ 凭感觉。

○ 喜欢用哪款相机？

□ Contax G2。

○ 之后想拍哪种主题的照片？

□ 家人、女友，之前一直拍身边的人，最近对拍摄身边普通风景的兴趣非常浓烈。

book

书，永远不会老去

老いない本

陈晗 / text

"古本"这个词，在日语里有两个意思。一是旧书、过刊，不看了之后送去书店回收再卖的二手书刊；二是真正的古籍。从神保町、西荻窪这般闻名世界的古书店街，到遍布日本的大型旧书店BOOKOFF，再到网络上数不胜数的古旧书刊买卖网站，甚至是Amazon.jp（日本亚马逊网站）上的"中古本"一栏，对于爱书又囊中羞涩之人来说，都如获至宝。但"囊中羞涩"，不过是选购"中古本"的十个理由之一。更多人是奔着罕见的绝版书而去。也有一些既不拮据、也不追求绝版书的人，只是单纯地痴迷于旧书。

● 与古书店里一些动辄上万、甚至几十万日元的古董书籍不同，Amazon.jp 的"中古本"多是一些新书的二手版本，售价普遍很低，且保证正版。更令人感动的是，那些中古本的售卖信息上，虽都详细说明了该书的破损程度、折价原因，如"封面有中度划痕"、"书页有卷曲"等，但实际到手一瞧，其崭新程度堪比国内个别实体书店的架上"新品"。

● 日本人对书的爱护，也可从各种古旧书店或是古书市上窥见一斑。即便被称作"古书""旧书""二手书"，也鲜少遇见真正破烂不堪的书本。书页泛出岁月渲染的色调，还有"时间"的味道。但这味道，恰是令许多爱书人着迷的地方。日本人至今仍有给书籍包上"书衣"的习惯，书店里也有各种精美的书衣售卖。所以在日本人手里，纸书们一经问世，就享受百般呵护，直至转手古旧书店，又会经历一轮特殊的"洗礼"，令其重获新生。不过，即使在日本这样的爱书之国，也难逃纸质出版危机，书商、出版商也在不停地探索将纸书传承下去的新方式。"一箱古本市"便是其一。"一箱"，顾名思义，就是将书籍放在一个箱子里出售。"一箱古本市"会借用某片店铺门前的区域，一人摆一个箱子，箱子里装的是自己收藏的古旧书刊，任谁都可参加，亦买亦卖。

● 在日本，以"一箱古本市"为代表的种种书籍活动，无一不在传达着一种新提案——"与书籍愉快相处"。其实书最无新旧之分。无论它来自多久远的年代、历经多少人的手掌，当它静静摊开在你面前，当你的手指第一次触碰到它泛黄的书页，它便与你的"现在"联结在一起，甚至开始影响你。

● 因为书，永远不会老去。

最坏也最好的书店

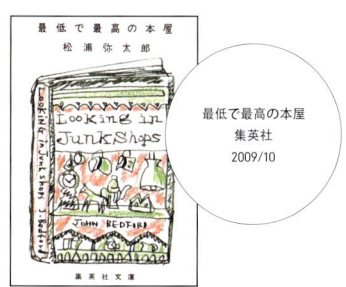

最低で最高の本屋
集英社
2009/10

松浦弥太郎 著

松浦弥太郎18岁便独自赴美，深受美国书店文化感染，开始广泛从事编辑、撰稿等工作。96年回日本，曾因开创"货车上的移动旧书店"而掀起话题。此书便是松浦弥太郎讲述自己开古书店多年的体悟，并向你描绘他心中最好的书店该有的模样。

古书道场

古本道場
ポプラ社
2008/06

角田光代、冈崎武志 著

日本的古旧书店，简直繁盛到能自成一"道"，而日本古书名家兼书评人冈崎武志，即是将这古书之"道"研究至深的一人。此书由他和弟子角田光代共著而成，它既令你感受到读书的美好，又是一本风格新颖的古书指南。

古书的时光

古本の時間
晶文社
2013/09

内堀弘 著

三十多年前，内堀弘在东京郊外开了一家以诗歌类为主的古书店。最近，有越来越多的年轻人带着羡慕的口吻对他说："我也想成为古书店主啊"，不禁让他开始回顾起自己的古书之路……这本书会告诉你，与古书相伴的时光，有多么美妙而珍贵。

古书店开业入门——古书买卖诀窍

古本屋開業入門——
古本商売ウラオモテ
燃焼社
2007/05

喜多村拓 著

作者将这些年来获得的经验与诀窍，毫无保留地分享给那些拥有"开一家古书店"之梦的人。如何收集购入、如何制作自家的独特书录、如何打理一个成功的官方主页、如何清理古书上的污痕及划线……关于开好一家古书店，你需要知道的一切。

与写真一同生活

杂志《IMA》之《意象中的动物们》

写真とともに生きる

雑誌『IMA』の「イメージの中の動物たち」

刘子丹 / edit 王木星 / photo

● 2012年，日本amana集团以"与写真一同生活"为主题，启动了名为"IMA"的媒体项目，想要为大众提供的不仅是拍摄写真的场所，还有欣赏写真时的快乐、购买写真时的趣味、装饰写真作品带来的喜悦，以及通过培养摄影师感受到的精彩。在这一项目下，包括提供各种信息的"IMA ONLINE"网站、展示并解读古今东西方精彩摄影作品的杂志《IMA》、与各大企业合作举办的"IMA活动"，以及2014年春天开业的"IMA概念商店"。正如这一主题所倡导的，"IMA"好似一个摄影爱好者的乐园。

● "在日本有如此多的摄影迷，理应像其他国家一样，有一个能够享受丰富的写真鉴赏、阅读优秀写真评论的杂志媒体。"季刊杂志《IMA》便是基于这一目的创刊的写真类综合杂志，旨在将世界各地的优秀作品与日本的摄影迷们紧密连接起来。与其他相关题材的杂志不同，《IMA》中完全找不到与相机及镜头新商品的使用方法、摄影讲座、读者投稿等相关的内容，这是一本完完全全以写真为主的杂志。

● 不含创刊号，《IMA》迄今为止已出版七期，第七期的主题为"意象中的动物们"。在摄影师的眼中，动物们有着可爱、优雅、凶暴、悲伤、幽默等各种各样的瞬间，而这些瞬间正是它们深受摄影师青睐的原因。

● 1966年出生于伦敦的艺术家朱莉·科伯恩（Julie Cockburn）毕业于著名的中央圣马丁艺术与设计学院雕刻学科。她通过在老照片与绘画作品上加以精致的刺绣及拼贴画来完成创作，给予古老的图像以新的艺术价值。这期《IMA》中对这位新兴艺术家进行了专访，并介绍了她的作品。

● 在进行作品创作时，朱莉会同时运用刺绣、剪裁等模拟技术与Photoshop这一类数字技术。而关于这两种方式的结合，朱莉认为："拼贴与刺

INTERVIEW

ジュリー・コックバーン インタビュー
「見知らぬ誰かの記憶との対話」

ファウンドフォトを集め、一点一点にグラフィカルな手作業を施すジュリー・コックバーン。
彼女は刺繍によって写真に何を与えようとしているのだろうか。彫刻、写真、工芸など、
ひとつのカテゴリーに収まらない、彼女の作品背景に秘められた物語を探る。

ブラッド・ヒューベルム=インタビュー・文 Interview & Text: Brad Feuerhelm

1 Cristina De Middel
クリスティーナ・デ・ミデル 写真家

2014 Spring
Vol. 3

RICHARD BILLINGHAM
リチャード・ビリンガム

   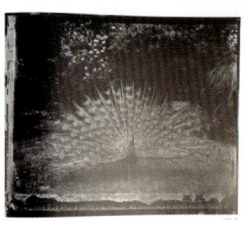

绣是我从儿时便一直喜欢做的，这对于我来说是极为自然的图像语言。我也会使用Photoshop和家用打印机……使用数字技术能在不损害原作的前提下进行作品试验，我觉得这是伴随着自由与限制的创作过程。"

● 因为要保证作品中人物的匿名，朱莉用来创作的素材大多来自"车库拍卖"与跳蚤市场，作品主题以20世纪的美丽女性为主，近来也涉及普通男性与风景画等。在创作过程中，朱莉想通过自己充满个性的手法，将作品中消失的对话具现化，以此来寻求与他人的共鸣与交流。而对人物脸部的加工是为了模糊意象，以扩大人们解读作品的范围。她将雕刻、写真、工艺等融入作品中，仿佛在与陌生人的记忆进行对话。

● 在本刊的特集部分，介绍了莎拉·莫恩*、夏洛特·杜马斯**、罗杰·拜伦***等五位海外摄影师、艺术家拍摄的有关动物的作品。

● 模特出身的莎拉·莫恩从20世纪70年代开始摄影，仅两年之后便作为女性摄影师为意大利著名轮胎品牌"倍耐力"（Pirelli）拍摄年历照片。她的作品以黑白照片为代表，充满浓厚的个人风格。莎拉认为"写真是对时间的剥制"，在使用宝丽来相机拍摄时，她不会用药水将底片上的画像定格，而是让其自由地发生化学变化，甚至老化、损坏。在底片发生变化的不同阶段，莎拉会拷贝出几十张不一样的相片，最终选出唯一满意的作品，再对其进行加工。享受化学变化带来的偶然性的同时，通过人工手段将时间定格，这好比神话故事中的"炼金术"，而莎拉便是那位优雅的炼金术师。

● 古往今来以动物为主题、或以动物为象征的故事不在少数。在"动物寓言写真剧场"这一专题中，《IMA》邀来了斋藤阳道、Mårten Lange、赤鹿麻耶三位日本国内外年轻摄影师，拍摄他们心中的动物寓言剧场。

● 青年摄影师斋藤阳道1983年出生于东京，曾获

* Sarah Moon(1941~)
法国著名摄影家。

** Charlotte Dumas
(1977~) 荷兰摄影师。

*** Roger Ballen
(1950~) 美国摄影师。

Harumichi Saito

得第33届佳能写真新世纪优秀奖。他选择了在日本家喻户晓的民间传说《桃太郎》，讲述的是从桃子里蹦出的男孩"桃太郎"长大后与狗、猴子和雉鸡一同前往鬼岛，打败鬼怪的故事。斋藤阳道用四张作品展示出了他心中的"桃太郎"剧场。

● "人类是能拍摄写真的唯一的'动物'。"在这一部分中可以看到从名作中挖掘出的摄影师与动物间的亲密关系。

● 南非摄影师Pieter Hugo出生于1976年，迄今为止已发表过多部以非洲社会问题及贫困现状为主题的作品。2007年，他曾以作品《The Hyena and Other Men》受到各界瞩目。听说在尼日利亚，有与鬣狗、大狒狒和蛇一同生活的人。他们是被称为"鬣狗族"的神秘集团，会抢劫银行与倒卖药物。Hugo被传说吸引，前往尼日利亚与这些人一同生活了八天，名作《The Hyena and Other Men》也因此诞生。被戴上口环、严格服从主人的鬣狗，与主人一同坐在摩托车上、像人类一样将视线投向相机的大狒狒……Hugo用相机捕捉动物与大自然之间的反常关系。

● 提到摄影大师深濑昌久，大多数人的第一反应该是他留给日本摄影界的杰作《鸦》。然而，猫也是这位大师的重要拍摄对象。相比通过漆黑的乌鸦展现孤独与悲伤，摄影师对猫投去了毫不吝惜的爱的眼神。70年代与深濑昌久一同住在东京公寓的这只小猫名为"Sasuke"，面对它天真烂漫的活泼姿态，深濑昌久用天才般的抓拍予以回应。这是一组爱与技术完美结合的摄影作品。

PIETER HUGO

MASAHISA FUKASE

● 书中的别册《STEP OUT！》以挖掘有才华的摄影新人为目标，每期向读者介绍几位新人摄影师。本期介绍的是中野美登树、山谷佑介、高木博史、饭沼珠实、山元彩香等五位年轻摄影师的作品。他们用各自独特的视点与多样的拍摄技巧不断探寻写真表现的界限，并乐在其中。

● 在摄影师眼中，令他们印象深刻的动物写真集是哪本呢？带着这一问题，《IMA》访问了野口里佳、铃木理策等十八位日本国内外的摄影师、学者及艺术家，请他们谈谈留在自己心中的动物形象。他们推荐的写真集中，大多数作品展现的是摄影师对自然环境与动物的情感，以及他们通过动物看到的不一样的世界观。

● 《IMA》中的各色栏目有如：为读者传递世界各地最新写真消息的"Photo Planet"、推荐复古写真书籍的"Vintage Photobooks"，而在"Best Sellers+1"栏目中，可以了解到东京、巴黎与纽约这三大国际都市的写真集专卖店在过去三个月内的畅销本前三名，外加一册特别推荐的写真集。《IMA》没有忘记他们创刊时的初心：将世界各地的优秀作品与日本的摄影迷紧密相连。

● 在日文中，"IMA"意为"现在、此时"。杂志《IMA》通过艺术作品、新闻报道等，展现了大量能唤起人们身上美丽、勇敢、残酷与趣味等特性的写真作品。这是一本可以慢慢阅读的杂志，是一本可以感受到写真的"现在"的杂志。

器

礼

刘子丹 / text
牧野广大 / photo courtesy

素　材：铝、化学染料
制作者：牧野广大
尺　寸：右 240mm×150mm×H390mm
　　　　左 480mm×180mm×H230mm

● "因收获而来的喜悦之情"，怀想着这样的思绪，才有了这件名为"礼"的作品。制作者牧野广大想要真实地还原自己居住的乡下的环境、风土与自然，并对大自然的馈赠表达感激。作品以高山上的残雪为意象，在就餐时可将酒瓶放置其中，以保持冷却，也可当作插花的器皿。把手部分该如何造型呢？牧野的脑海中浮现出蒙蒙细雨时与下雪天见到的太阳和月亮，于是将把手做成了圆圈。用金锤敲击铝板，再用熔接、焊接工艺将其与本体接合，最后涂上化学染料进行加工，这件造型独特的作品由此诞生。

● 年轻的艺术家牧野广大1986年出生于爱知县丰桥市，他擅长的是一种名为"草木染金属工艺"的技法，在铝等金属上用植物染料进行染色，在色彩与质感上追求新的突破。牧野所涉及的金属工艺大致分为三种：使用金锤来塑造金属板、棒的"锻金"工艺；使用錾子（小型钢凿）对金属进行细致加工的"雕金"工艺；以及先用粘土造型，再将金属熔化注入其中的"铸金"工艺。在金属材料上，除了铝，牧野还用金、银、白金、铜、铁、不锈钢等金属进行多种尝试。他的作品也不局限于器皿，许多样式新潮的戒指、项链等饰品与灯具都出自他手。

● 在山形县西村山郡朝日町的利木地区，有一所名为"旧立木小学"的废弃学校。2005年，一个叫作"Masato工作室"的团体开始以立木小学为据点进行创作活动，"Masato"得名于学校里一只鬣羚剥制标本的名字。2010年，牧野从东北艺术工科大学研究生院毕业后便加入了这个创作团体。他们每年举办一次展示会，与对艺术活动感兴趣的学生们进行交流。虽然团员仅几人，但他们在日本画、西洋画、木版画、雕刻、金属工艺等多种多样的艺术范畴中享受着创造带来的乐趣。

漫画家的热血日常
漫画家の熱血な日常

于彦舒 / tex
陈晗 / edit

◎《漫画狂战记》是日本漫画家岛本和彦的代表作之一，描绘了漫画家炎尾燃及其漫画工作室的日常故事。主人公炎尾燃其实是以岛本和彦本人为原型：对漫画事业充满激情，对梦想坚持不懈，只是偶尔也会情绪低落，会切换到"败犬"模式，完全无法投入工作，别人的三言两语也会打击到他。该漫画自1990年6月开始连载，后又推出续篇《怒吼吧，漫画笔！》及《新漫画狂战记》系列。

给漫画家看的漫画

● 炎尾燃，27岁，拥有两个月刊连载和一个双周刊连载，极其平常、随处可见的漫画家。

● 关于漫画家的漫画有不少，实际上，漫画家们拿自己的职业作为题材是很常见的事，这部漫画不过是其中的一部——当年未读过这本漫画的我曾经这么想。

● 岛本先生的说法是，很久之前被约稿，说要办一本"超级系"杂志，等他画了超级系的漫画之后，发现被杂志约稿的其他人都没有画超级系漫画，自己被深深地欺骗了。所以这一次，当编辑跟他约稿说要创办超级系杂志的时候，他决定不再上当，画写实题材，所以创作了《漫画狂战记》（事后他发现杂志上除了他以外，大家都画了超级系漫画……）。所以对他来说，这是一篇披着写实漫画外衣的超级系漫画。

● 需要指出的是，岛本先生的作品都是热血过头的，除了他的漫画，从他给周边连锁店Animate设计的"动画店长"形象、为格斗游戏《私立正义学园》设计的没有防御技能的体育老师"热血隼人"都可以感受到，更不用说他参与了那个风格明显与历代作品不同的《武斗机动传G高达》的人物设定……

● 是的，虽然对岛本先生来说，这部漫画是披着写实漫画外衣的超级系漫画，但对大多数读者来说，这怎么看都是披着超级系外衣的超级系漫画！！或者说——热血过头了啦！！

● 但对我来说，这本漫画好看的部分并不是那似乎过着超级英雄一样生活的漫画家，而是炎尾燃和其他漫画家以及漫画编辑们大义凛然地说出各种歪理和吐槽——我觉得这甚至是整部漫画的精髓所在！

● 不愧是混迹业界几十年的老前辈，吐槽也好、歪理也好，全都是真正做了多年漫画家的人才会有的肺腑感慨。虽然是晚辈，但有些话我也能感同身受；还有些则是与编辑间的尔虞我诈，可能真的是外行人很难明白的内容——当然也有比较直白的吐槽与自我吐槽。比如有一句主编对漫画家的评价，说的是"过去十年间只是在画漫画的家伙，怎么可能是成熟的大人啊？！"——说的也是呢。

● 这部漫画前前后后一共分为三部，炎尾燃在里面大喊的语录，几乎句句经典，而第一部中出现的明显带着吐槽口吻的"漫画家十训"，在当年国内画漫画的人中也传诵一时。

● 所以，我甚至认为，这是一部画给漫画家看的漫画！！

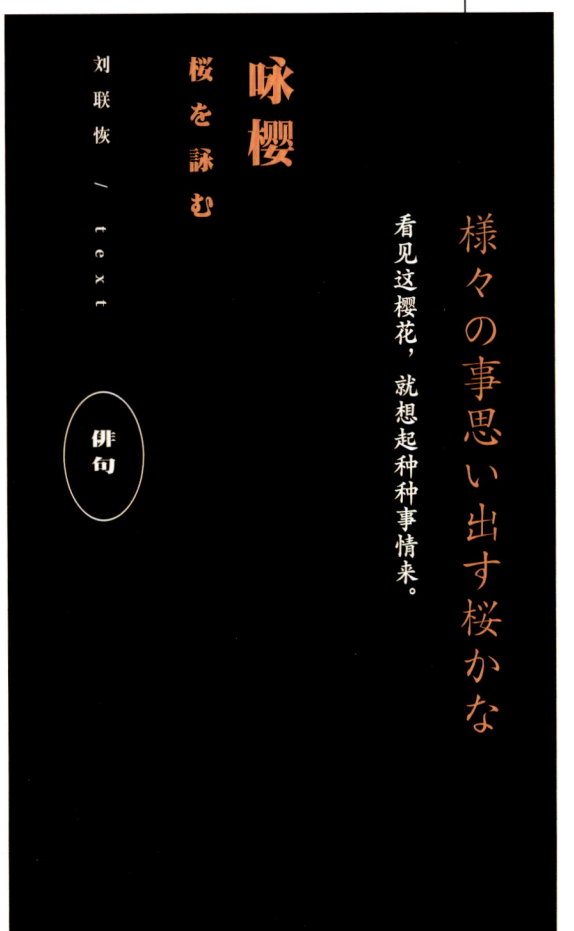

咏樱

桜を詠む

刘联恢 / text

俳句

様々の事思い出す桜かな

看见这樱花，就想起种种事情来。

● 作故意多用了两个汉字抄录，望文生义，这一首俳句的意思大概我们中国人也猜个八九不离十：看见这樱花，就想起种种事情来。浅白明摆着。或许正因为它浅白，便具有一种普遍性，到处能套用，也就更多些人气。譬如，看见这红叶，就想起种种事情来；看见这老屋，就想起种种事情来……

● 俳句的音律通常是五七五，但是就内容来说，此咏樱应断为七五五。周作人说过："至于俳句翻译，百试不能成，虽存其言词，而意境迥殊，念什师嚼饭哺人之言，故终废止也。"这话说得对，而看似浅白的，更难译成诗，若知难而进，那就只好"再创作"：

花开昔日庭
几多风雨几多梦
往事如落樱

● 由盛开想到了飘落，霎时间纷纷如雪，"再创作"也不免过了头儿。这是芭蕉的名作。不知你想不想，反正我想：这要不是出自芭蕉，而是初心者写出这么一首俳句，人们会怎样看待呢？孩子的涂鸦就是涂鸦，而原始人或毕加索的涂鸦价值连城，因为能扯到历史和艺术，让评论家有话可说，滔滔的。俳句有时让人觉得它不是推敲的，而是脱口秀。

● 江户人爱樱花，芭蕉也不能免俗。他写过很多首咏樱，或"初樱"，或"散樱"，也写过盛开的"花云"：钟声何处闻，上野遥遥更浅草，连天花似云（花の雲鐘は上野か浅草か）。芭蕉爱樱花还有更深层的意义，那就是追慕十二世纪的歌人西行。有这样的说法，要说吉野，那就是樱花，要说樱花那就是西行。西行本来是天皇身边的武士，不知是由于亡友抑或失恋，总之是感触无常，抛家舍业遁入了空门，一生为樱花写下二百三十多首和歌，其中很多写吉野山樱花。芭蕉在《笈小文》中写道："三月（阴历）过半，勃然兴起，风雅之心诱我上路，独探吉野之花。"他行旅多沿着西行的足迹，这是第二次去吉野，途中回老家看看，吟出"种种事"。那是一六八八年，他四十五岁，已经确立了"蕉风"（芭蕉风格）。

● 家乡伊贺是群山环抱的盆地，属于藤堂藩。芭蕉热爱这块父亲耕作一辈子的故土。十几岁的芭蕉，那时叫松尾宗房，给藤堂良忠当伙夫。良忠比芭蕉大两岁，号蝉吟，芭蕉也相当于伴学，跟着他学习俳谐。传世的芭蕉出道第二首俳句（发句）即咏樱：樱花浓浓妆，老了以后再回想，我也曾堂皇（姥樱咲くや老後の思ひ出）。想来这是他参加良忠的赏樱会所作。人生无常，芭蕉二十三岁时良忠猝死。据说他把良忠的牌位送到高野山供养之后递上辞呈，未获准，便擅自离藩，游学京都。一晃二十来年过去。良忠之子良长也二十三岁了，号探丸子。他在别墅设宴赏花，也邀请正好回乡的芭蕉赴会。悠悠岁月，"在故主蝉吟公之庭前"赏樱，芭蕉当然要想起故主，但也会想起少作，想起少年狂，想起了太多的往事，感慨万千，竟不知从何说起。一树繁花一人生，人生尽在此句中——此俳句中，此句话当中。

● 日本赏花的独特之处是呼朋引类在盛开的樱花下饮酒作乐。中国自古也踏青，也赏花，也在花下聚饮，但远不如日本，一年一度，是全民性娱乐活动。当权者不必假惺惺与民同乐，只要他宽松地允许百姓点灯。中国人旅游日本，去上野等处看他们赏花，看的是日本文化；侨居日本的中国人也应时赏花，自以为接受甚至融入了日本文化。每当观望或参与花下聚饮，那一堆堆人群，便仿佛见识到日本的小团体主义，这一个个小团体的共同行为构成蔚为壮观的大团体。参加小团体可能只是怕失群，而大团体场景就像是有什么精神了。芭蕉在世的时候，这样的赏花方兴未艾。他吟道：树下眼朦胧，清汤细脍都不见，满席花绒绒（木のもとに汁も膾も桜かな）。

> 料理

卷心菜肉卷

ロールキャベツ

曹人怡 / text　子时当归 / photo

● 卷心菜与肉类既是市场上容易买到的食材，又荤素搭配营养均衡，所以世界各地的料理中常能看到它们的身影。在日式料理中，卷心菜与肉类的常见搭配之一，就是卷心菜肉卷。

● 卷心菜肉卷源自一种叫作"dolma"的土耳其料理。这种用葡萄叶包裹肉馅或米饭炖煮的食物，直到现在仍然很受土耳其人的欢迎。而使用蔬菜包裹肉类的料理方法，在明治28年（1895年）通过一本名为《女鉴》的女性杂志的宣传，走进了日本人的餐桌。

● 制作卷心菜肉卷的过程十分简单。先将卷心菜叶煮熟，根据自己的喜好制作肉馅，再取适量肉馅放在卷心菜根部，小心地卷好。有时为了防止菜卷在煮的过程中散掉，日本人会使用葫芦的白色果肉，将其剥成细条状晾晒成葫芦干，用于菜卷的捆绑固定。

● 成型的卷心菜肉卷最后还需要放入高汤熬煮。高汤中鲣鱼、海带、鱼干、香菇的精华注入肉汁，配合卷心菜的清甜，已是十足美味。将肉卷淋上辣酱、番茄酱或是酱油，更能增加多重风味。

● 现在的日本，流行一种叫作"卷心菜肉卷男子"的说法。形容那些表面看起来温吞无害，不积极主动如同素食动物，内心却是冲动大胆如同肉食动物的男生类型。不知道这种"卷心菜肉卷男子"是否和卷心菜肉卷实物一样，能受到人们持续不断的喜爱呢？

> 吴东龙の设计疆界

京夏消暑二帖
京都で暑さを吹き飛ばす二帖

吴东龙 / text & photo

○ 关于京都，我有许多在夏季造访的经验，尽管没有樱花飘落的辉映、片片枫红的晕染或无涯银白的堆雪，夏之京都，依然有让人充满期待的原因。

○ 满山的绿意、午后随风摇曳的枝叶，透过日光洋溢出富有禅意的层层青绿，坐在寺庙缘廊的景象，夏色的明度与色阶的对比，如同一幅让人心旷神怡的写真画。

○ 关于夏季独有的韵味，我的味蕾还想起京都茶寮都路里的宇治抹茶冰，如果不是在炎炎夏日，它便不会如此沁入人心。但要感受另一种夏日里的沁凉须走进山里，在左京区的贵船神社吃上一次流水细面，或是造访京都滋贺县的美秀美术馆（MIHO MUSEUM），都能令人体会到京夏感官上的清凉和心灵中的惬意，且这些感受令人久久难以忘记，甚至开始迷恋。

暑意全消、感官同享的山中凉面

● 夏季的京都鸭川水量丰沛，沿着鸭川河畔搭建的纳凉床餐厅，可居高倚傍河川景致，露天品尝夏季独有的川床料理，感受与夏夜的美好相遇。也因夏季限定，使得川床料理经常一位难求，毕竟错过了这季便只得再候一年。这专属于体验夏季京都料理的方式，食物与形式是其重点。

● 另一种我会选择留下京夏回忆的方式，则是到贵船神社的"贵船ひろ文"（Hirobun）来一碗山中的"流水细面"，它不只是一碗冷面，而是一段寻找夏日沁凉的美好过程。

● 某个夏日早晨，从京都搭着市区的京阪电车，

到达京阪本线终点站的出町柳站，再换搭睿山电车往北方的鞍马站，一路爬坡向山而行，心情就在换乘中转变。车厢设计的特别之处是加大的车窗，好让上山的旅客饱览沿山的绿色景致、花木扶疏，坡间运行约莫半个小时就能抵达贵船口站。下车时发现早已置身林间，还被山群包围。尽管山岚散射日光，山中的温度早降下数度，舒适宜人气氛恰好。此刻再步行山路、沿着贵船川徒步，一路空气舒畅，亦有溪水声潺潺相伴，透过了听觉、肌肤的温感、还有郁郁葱葱深浅不一的绿色视觉系，畅享着芬多精浴，五感的山林体验让暑意早已消失泰半。抵达贵船的川床料理"贵船ひろ文旅馆"时，半钟头又悄然已过，也开始感到饿意。

● "贵船ひろ文"四季都供应会席料理，唯独五月到九月才供应特殊的"流水细面"，也因在酷暑里享用，感受格外适切。我想，"流水细面"令人趋之若鹜、甚至周末假日总要大排长龙的原因，不只凭靠其清爽的食感，在等待的过程中不断变化的等候场景更是耐人回味。

● 在门口买了食券后，会拿到一面印有等候号码的扇子，开始随着人潮依序步步往前挪移，可以望见不远处架在瀑布溪流之上的竹床，在红伞下、红桌上享用奢华会席料理的宾客；下个等候场景就是坐在搭载溪上的竹制纳凉床，看着溪水在眼前流泻而下、在脚下汩汩流淌，等候时甚至可让清凉的溪水在足下、脚尖流过，随着山间微风与摇曳树影，享受山中清新的舒爽。在这氛围里，等候变得短暂，不一会儿就坐在用餐桌前，观看一口大小的细面团从餐桌前方的竹筒水道，顺着水流迅速地流过眼前，不禁兴奋的同时，还得镇定地夹住你的细面团，更得在下一口细面流出之前，将筷上的细面蘸上温泉蛋汁一并入口，同时更得当心稍不留神，细面就从眼前无情地飘流而过了。

● 这仿如是场内心戏轮番上演的用餐过程，愉快、兴奋、惊喜，当看到别人错过的细面从眼前水道流过又是一阵窃喜，而能夹住眼前的细面是种

ZHI JAPAN. 166

瞬间的淡定,尤其当数次的流水细面一一被捞起进食,直到最后一团细面以红粉之姿来为一连串的流水细面的划上休止,也算为这场夏之盛宴的顺利完封!

● 这场有趣的流水细面体验,花费一千二百日元,相较于在同样场域动辄七八千日币的川床会席料理,着实令人满足难忘,迄今那不绝于耳的瀑布水花声,是夏日里充满疗愈也消暑的心灵音乐。

桃源仙境般的山中美乐地

● 在我"一生中一定要去的美术馆"清单里,绝对少不了山中的美秀美术馆"MIHO MUSEUM",因为这个处处都从"美"的出发点所打造出的美术馆太令人感动,多次造访也不觉疲倦。这是座用桃花源理想创造出的美术馆,更是将一座山挖空再回填而生的美术馆;是百分之八十埋藏在地底下的美术馆,更是创下单位面积造价最高的美术馆。

● 美秀美术馆是日本的神道教旁支——神慈秀明会,为了替自身量多质精的艺术收藏寻找安身之处，遂延请建筑大师贝聿铭来为自埃及、西亚、罗马等地搜罗而来的艺术极品，在京都桃谷山区量身打造一个展示空间，实践"地上的天国"理想。然而在更早的1987年，会长小山美秀子就飞到美国，邀请贝聿铭为她们在桃谷山中设计一造型颇为特殊的钟塔建筑，由此与贝聿铭结下了一段不解之缘。

● 然而这个被贝聿铭称赞为"香格里拉"的桃谷，在建造时为了不破坏自然环境，他们将信乐山峦挖空大半，并用回填方式恢复原来的山貌景观，其中包括将七千多棵树木移出，在建筑完成后再将树木移植回原址，堪称一大工程。

● 此外，通往美术馆的山中隧道、连接两座山的吊桥，都是为了解决道路连通的问题，也是对保护区的自然生态破坏降至最低的最佳解答。也因如此精心设计，让访客造访的过程场景转换，层层都递嬗出美的信息，也仿若晋太元中武陵人探访桃花源般的奇遇体验，从步行山路"忘路之远近"般向山行开始，再入山中隧道前感受到"山有小口，仿佛若有光，便舍船，从口入"的情节，接着吊桥、广场及阶梯，都逐步堆叠探访期待的心情，甚至在春日更能感受到"忽逢桃花林，夹岸数百步，中无杂树，芳草鲜美，落英缤纷"的惊艳美感，令人沉迷其中。

● 将近六年的建造，不只户外碎石地面细致平坦的程度让人咋舌，结合现代结构美感的吊桥，不断延伸三角造型的建筑语汇，或是圆形的梦之门、大厅透过天花细木条洒下的均匀光线，犹如绘画屏风的老松山景等，每个角落都很有戏感。特别是展览厅里每件极品级藏品的展览空间都被量身打造，再三修改的展间高度，精准洒下的光线落在藏品上，呈现出最和谐的美丽风景。

● 如果打算在这里小憩或是享受轻食，咖啡厅所供应的食物都以不使用农药、肥料并提升土壤永续性生产农作的"自然农法"在山间栽种，美味与否或许见仁见智，但绝对安心也对环境无害。

● 不知是感受性太强，或是过于兴奋，搭着巴士离开山中美术馆时，在丛林山间随着山路摇晃总是昏昏欲睡，下山后温度渐升，也似乎感受到"寻向所志，遂迷，不复得路"，从桃花源重返人间的氛围。

● 离开后，最深刻难忘的一早，山中尚未苏醒的冰凉空气、天空盘旋的飞鹰还有鸟鸣虫叫，令人惊叹在自然的山谷里竟与现代文明如此相契合。这座山中美术馆，正因为在冬日被冰封于山区，使得夏季开放显得分外珍贵，更令我心中缱绻难忘山谷的阵阵凉风。而山中的沁凉，就一直只留在山中与美好的记忆中。

告诉我吧！日语老师

美与流行
美と流行

刘联恢 / text

● 京都盛夏是"露出（×上标：ろしゅつ）"的季节，炎热的气候、闪亮的阳光，都在召唤青春的"小麦色（×上标：こむぎいろ）"肌肤。说到代表健康、阳光、活力的肤色，西方人一般非常崇尚古铜色，泡沫经济时代的日本不免受到影响，于是"日　けサロン"（日晒沙龙）大为流行了一段时间，把自己的皮肤晒得黑黑的女性也不少见。

● 不过随着时代变迁，以黑为美的理念终究敌不过东亚人民深入骨髓的"一白遮百丑"的传统审美，所以20世纪90年代后期以来，"美白"重新成为了美容的流行指标。最近几年，这股潮流甚至波及到了男性。从前大家都说"女为悦己者容"，如今因为觉得"日に　けたキムタクより、色白（いろじろ）の向井理がいい"（比起晒得黝黑的木村拓哉来，还是白皙的向井理更帅啊）的女孩子越来越多，所以街头的药妆店里也摆出了男性专用的美白化妆品，街上偶尔也能看到手持阳伞遮阳的男性身影了。不得不说，现在的年轻男子更愿意做花美男，无论如何不愿成为大叔。

● 人们追求美的历史就是人类的文明史，"美"之一字，渗入到我们生活的方方面面。从外貌到生活，再到社会发展、科技进步，夸张点儿说，人们都是在不停地追求不同形式的美。而不同的时代人们对于美也有不同的认识，因此，"美和流行"对于我们来说，是永远人气爆棚的话题。

清潔男子——洁净男

● 清洁男子当然不是打扫卫生的老大爷，而是非常重视美容的男性。说起男性美容，不由得感叹一声社会流行的风气果然变了。记得上世纪末到这世纪初（这么一说好像很久远的感觉），日本的年轻男性中修眉和脱毛的美容还只是刚露出了苗头，在街头偶尔见到，还会觉得有违和感，如今却是司空见惯，日本男生不修眉毛倒不常见了。

● 关于日本男性对自己形象的重视程度，リクルート（瑞可利集团）旗下的"beauty world综合研究所"在2011年对东京及周边的500名25~49岁男性做了一项调查。调查结果显示：在25~29岁这个年龄段的男性中，"平时就很注意保养自己的皮肤"的占了17%；"经过窗户或橱窗时会有意无意对着玻璃检查一下自己的仪表"的人数占了18%。这个数字比起全体男性的平均值可高出了大大一截。リクルート公司把如此注重自己外貌的人命名为"綺麗男"，也就是"清潔男子"中年轻的新生代。

● 关注自己外表的年轻"洁净男"之所以越来越多，和这个社会男女之间的差别逐渐缩小有着紧密的关系。而且越是年轻男性就越在意别人看自己外表的眼光，不管是寻找恋爱对象，甚至找工作的时候都如此。心理因素多半都是不想让自己被别人讨厌，也不愿意因为外貌的关系成为被排除的选项。

● 不过，说到底男性还是觉得"おしゃれ"※打扮该是女性的专利，所以也可能一半是不好意思，一半是自嘲，把"おしゃれ"（oshare）叫成"オサレ"（osare）。某男性化妆品的广告里还有一位"オサレ星人"（欧萨莱星人）登场，"オサレ"也因此扩大了其知名度。

● 笔者身为女性，当然欢迎周围的男人仪表整洁，风度翩翩。可如果男人过于关注美容的话，还是略微觉得他们有点儿"不务正业"，这果然还是过时的想法吧。

美魔女——美魔女

● 在对于那些对日本略有了解的人来说，"美魔女"这个词已经不陌生了，最近两年这股ブーム（boom）

※热潮席卷日本，让过了青春年华的中年女性们个个都心痒痒的，希望自己也能跻身"美魔女"行列，留住岁月的脚步，依旧风华绝代。

● 这个词源于女性杂志《美STORY》，含义为"魔法をかけたように美しい"（像被施了魔法一样美丽）。四十来岁的"美魔女"们所表现出来的不单单是风韵犹存，根本就是风华正茂的状态。以四十多岁的年纪活在二十多岁的外表下，不但美丽，而且智慧，难怪当得起一个"魔"字。

● 从心理上来说，几乎所有的女人都会畏惧和讨厌"おばさん"※大婶这个称呼，然而除了这个词以外，也找不到其他词来形容中年女性。一旦被称为"大婶"，仿佛被贴上了"黄脸婆""唠叨""厚脸皮"等令人不快的标签。而生于昭和40年代，在经济起飞时成长起来的40~50岁的日本女性，似乎更希望自己能永葆美貌和精力。和传统的女性相比，这一代人开始注重自身，寻求"輝く生き方"※闪亮的生活方式，不断地进行"自分探し"※寻找自我和"自分磨き"※磨练自我，因此"美魔女"的出现也就顺理成章了。

● 既然是"魔女"，就要有"魔性"※迷惑人的力量，光凭美貌是不够的，还要有坚强的内心以及积极的生活态度。因此在日本，一大批"アラフォー"（around forty）※四十岁左右、"アラフィフ"（around fifty）※50岁左右的女性们仍然活跃，这也体现出了现代日本女性地位的大幅提高。

CCクリーム（CC CREAM）——CC霜

● 从2008年，BB霜从韩国登陆日本，一时迅速流行开来。现在已经成为亚洲各国女性爱用的基础化妆品了。所谓"BB"，来自英文的"blemish balm"，原来是韩国皮肤科医生针对受损的皮肤所使用的保护和再生霜。BB霜兼具修复和养护的作用，把美容、防晒、粉底等功能合为一体，所以深受忙碌的现代女性的喜爱。

● 2012~2013年，化妆界的几大巨头兰蔻、香奈儿、倩碧等又推出了全新的CC霜。"CC"是英文"color"※彩妆和"correction"※补正的缩写，在BB霜的便捷实用基础上更进一步，加进了调整肤色的元素，让肌肤的色泽更加自然，突出裸妆的效果。

● 从B到C，果然是进化的节奏。日本女性的"no make, no life"※化妆如生命观念根深蒂固，必须化妆，还要化得像素颜一样，花在这上面的时间和金钱都是十分庞大的。因此效果又好，又能节省时间的化妆品在当今时代必不可少，BB霜的火爆正说明了这一点，相信CC霜也会大有市场吧。

ママも族——"妈妈也一起"族

● 也许是"美魔女"越来越多了的缘故，在商场也好，美容院也好，"妈妈也一起"族也随处可见。这个"ママも"，就是字面上的"妈妈也一起"的意思，指的是那些跟女儿一起去美容院或购物的妈妈们。

● 上文提到的"beauty world综合研究所"，在2012年做了一个名为"母娘美容消费実態調査"的调查。结果显示，凡是有15岁以上的女儿的母亲，五人之中至少有一人，在最近一年里和女儿一起去过美容院。不仅如此，其频率大约在每年两到三次之间，且一起去看电影与旅行的频率大概为一年两次左右。总之，到处可以见到母女一起的身影，这种消费形式成为一种新的时尚，美容界瞄准这一点开发了"母娘プラン"※母女套餐，还推出了"母娘割引"※母女优惠，可谓广开财源。

● 和女儿一起行动，妈妈感觉变得更年轻，也更了解时尚了；作为女儿，这样的消费大多是妈妈请客，又何乐而不为呢，母女之间的关系也因此变得更加融洽。不过母女能这么其乐融融地一起行动，显然对于两代人的心态要求比较高，简而言之就是代沟比较小。母亲不会看女儿的喜好不顺眼，女儿也不会嫌母亲的爱好老掉牙，"美魔女"们应该就是这一时尚的代表吧。

● 相比日本，中国母女之间的代沟仿佛更深一点，即使妈妈非常愿意出钱，女儿不愿意带上妈妈的情况也更多吧。

美文字——美文字

● 日文里有大量的汉字，跟中国一样，用书法表现汉字的美也是传统艺术之一。"書は人なり"※字如其人，这句话追溯起来，是出自西汉扬雄所说"书，心画也。"。唐代柳公权也说"心正则笔正"。对于书法的重视，中日两国是同源的。

● 在科技飞速发展的现代，电脑和智能手机已经大大普及了，传递信息只需发一通电邮或者一条短信，转瞬即到，提起笔来写字的机会已经少得可怜。字库里那么多的字体，可以供你随时选来美化电脑屏幕上的文章。那么，还有写字的必要吗？日本"美文字"的重新流行，充分说明写字在人们心目中依然占据了相当重要的地位。夸张一点儿说，如果能写一笔好字，你的修养在别人的眼中就能提升一个品级；可要是写一手"污文字"<small>※栏字</small>，保证会遭到周围人的鄙视，认为你从小就没好好学习。书法简直成为了体现人品层次的重要工具。

● 和闪烁着无机质冰冷光芒的屏幕上的文字相比，手写的文字自然而然给人一种亲切温暖的感觉。特别是在商务活动中，一手漂亮字很可能就让对方觉得你值得信赖，是个可靠的合作伙伴。在日本，有的企业甚至会在招聘中参考应聘者的书法笔迹，认为字迹工整的人必定是遵循礼仪、品格端正之人，获得聘用的机会也因此多了几分。

● 近两年日本掀起"美文字"潮流，还要归功于SMAP中居正广主持的"**中居正広のミになる図書館**"节目。朝日电视台的这档电视节目有一个栏目就叫"美文字大辞典"，由参加节目的嘉宾们写字，请书法名家来评判（题外话，人气电视连续剧《SPEC》里，当麻展现超能力时写的那些字就出自这位专家的笔下）。节目播出后很受欢迎，"美文字"也得到了2013年"新语·流行语大赏"的提名。

● 如今在工作、学习之余，买本硬笔书法字帖回家练习也是一种时尚了，身为中国人，这个时髦还是应该赶一下的。

ユニデコ——优衣库改造

● 说起衣服的名牌，不知道优衣库算不算，当然这肯定不能算奢侈品，因为优衣库作为ファストファッション（fastfashion）——快销时尚的代表，是以年轻人为主要销售对象的廉价成衣。优衣库在日本也极具人气，举个例子：2004年前后，日语中出现了一个新词叫做"ユニクローゼ"，是用优衣库的日语加上意大利语的发音模式构成，指那些全身上下都穿优衣库的年轻女性。虽然这个词流行得不太广，不过也从一个侧面说明了这个品牌多么大众化。

● 优衣库由于价廉物美而大受欢迎，但也由于其"价廉"，小小地刺激到了消费者的虚荣心。具体表现就是穿一身优衣库，还必须不让别人看出来。一旦被看出穿的是优衣库，大概很没面子吧。有一个新词"ユニばれ"描述的是这种情况："**ユニばれしないように着こなすのが、本当のおしゃれだ**"（能把优衣库的衣服穿得让人看不出来，才是真会打扮。）

● 也是因为这个原因，日本人又造了一个新词"ユニデコ"，是由"ユニクロ"和"デコレーション"（decoretion）<small>※装饰、装潢</small>两个词组成的。指的是买了优衣库的衣服后，用蕾丝花边、亮珠或者刺绣对衣服加以改造，让衣服看不出原来的品牌。中国人的想法也许会是"有那工夫还不如自己做一件呢"，但是会"ユニデコ"的才真是心灵手巧，为了体现自己与他人的不同，把大众品牌改造成了只属于自己一个人的艺术品，不也是很有趣的事情吗？

スカルプケア（scalp-care）——头皮护理

● 除了肌肤护理、头发护理以外，对头皮的护理也日益得到重视。都市人紧张的生活常常会导致脱发或者头屑过多，用洗发水加上按摩的手法，可以让你的头皮放松下来，得以休息。

● 话说到这里，不得不说日本人对自己的关爱真是面面俱到。虽然在中国，洗头也是美发店的一项业务，但是把头皮护理单拿出来细致进行的还真是少见。除了头发掉光的情况，那是太影响观瞻，平时有谁会注意自己的头皮呢？

● 为了保养好一头秀发，日本企业开发出了针对不同头皮状况的洗发香波和护发素；日本人在平时也相当注意对头皮进行按摩和护理，不少企业还推出了专门保养头皮（而不是头发哦）的精华露，只能说对美和健康的追求真是细致入微啊。

《知日》零售名录：

▲ **网站**：亚马逊 / 当当 / 京东 / 快书包 / 中信出版社淘宝旗舰店 / 知日 Store　▲ **北京**：西单图书大厦 / 王府井书店 / 中关村图书大厦 / 亚运村图书大厦 / 三联书店 / 字里行间书店 /Page One 书店 / 万圣书园 / 库布里克书店 / 时尚廊书店 / 单向街书店 /7-11 便利店　▲ **上海**：上海书城福州路店 / 上海书城五角场店 / 上海书城东方店 / 上海书城长宁店 / 上海新华连锁书店港汇店 / 季风书园陕西店 /"物心"K11 店（新天地店）　▲ **广州**：广州购书中心 / 新华书店北京路店 / 广东学而优书店 / 广州方所书店 / 广东联合书店　▲ **深圳**：深圳中心书城 / 深圳罗湖书城 / 深圳南山书城　▲ **南京**：南京市新华书店 / 凤凰国际书城 / 南京大众书局 / 南京先锋书店　▲ **天津**：天津图书大厦　▲ **西安**：陕西嘉汇汉唐书城 / 西安市新华书店 / 陕西万邦图书城　▲ **郑州**：郑州市新华书店 / 生活·读书·新知三联书店郑州分销店 / 郑州市图书城五环书店 / 郑州市英典文化书社　▲ **浙江**：博库书城有限公司 / 博库网络有限公司（电商）/ 庆春路购书中心 / 解放路购书中心 / 杭州晓风书屋 / 宁波市新华书店　▲ **山东**：青岛书城 / 济南泉城新华书店　▲ **山西**：山西尔雅书店 / 山西新华现代连锁有限公司图书大厦　▲ **湖北**：武汉光谷书城 / 文华书城汉街店　▲ **湖南**：长沙弘道书店　▲ **安徽**：安徽图书城　▲ **江西**：南昌青苑书店　▲ **福建**：福州安泰书城 / 厦门外图书城　▲ **广西**：南宁书城新华大厦 / 南宁新华书店五象书城　▲ **云贵川渝**：贵州西西弗书店 / 重庆西西弗书店 / 成都西西弗书店 / 文轩成都购书中心 / 文轩西南书城 / 重庆书城 / 新华文轩网络书店 / 重庆精典书店 / 云南新华大厦 / 云南昆明书城 / 云南昆明新知图书百汇店　▲ **东北地区**：新华书店北方图书城 / 大连市新华购书中心 / 沈阳市新华购书中心 / 长春市联合图书城 / 长春市学人书店 / 长春市新华书店 / 黑龙江省新华书城 / 哈尔滨学府书店 / 哈尔滨中央书店　▲ **西北地区**：甘肃兰州新华书店西北书城 / 甘肃兰州纸中城邦书城 / 宁夏银川市新华书店 / 青海西宁三田书城 / 新疆乌鲁木齐新华书店 / 新疆新华书店国际图书城　▲ **香港**：绿野仙踪书店　▲ **机场书店**：北京首都国际机场 T3 航站楼中信书店 / 杭州萧山国际机场中信书店 / 福州长乐国际机场中信书店 / 西安咸阳国际机场 T1 航站楼中信书店 / 福建厦门高崎国际机场中信书店